Édition : Catherine Destephen
Maquette : Arielle Cambessédès

La collection « Images Doc »
a été conçue à partir du fonds éditorial du magazine.
Images Doc est un magazine mensuel
édité par Bayard jeunesse.

Conception artistique : David Alazraki
avec la participation du studio Bayard Éditions.


18, rue Barbès, 92128 Montrouge
ISBN : 978-2-7470-3555-2
Dépôt légal : septembre 2011


Loi n°49-956 du 16 juillet 1949
sur les publications à la jeunesse
Imprimé à Singapour

Élisabeth de Lambilly • Catherine Loizeau

# L'Histoire de France

# Sommaire

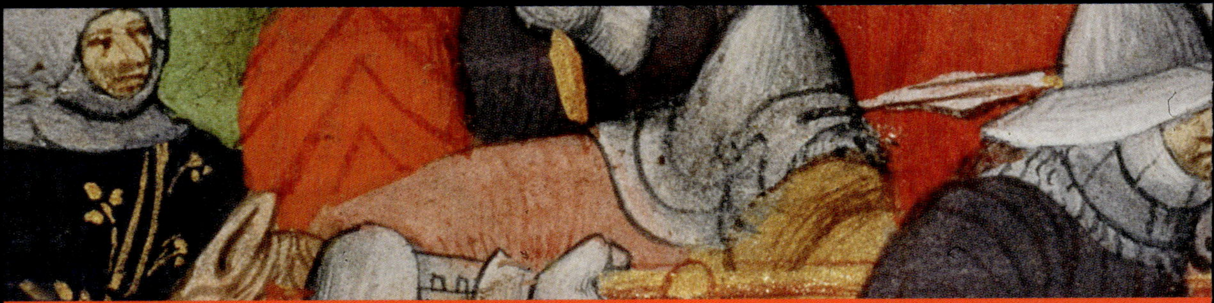

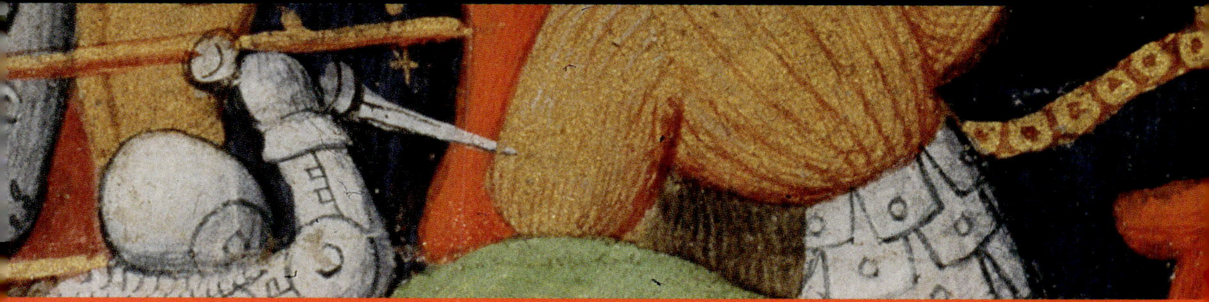

# L'histoire de France

## Préhistoire-Antiquité

## Moyen Âge

## Époque moderne

## Époque contemporaine

## Le XXe siècle

# Préhistoire Antiquité

# Premiers habitants

Pendant la préhistoire, c'est-à-dire avant l'invention de l'écriture, les hommes vivaient déjà en société. Les plus anciennes traces d'une présence humaine en Europe de l'Ouest ont été retrouvées dans le sud de la France. Elles datent de 1,57 million d'années.

**Le plus vieux Français**

Le plus vieil ossement humain retrouvé en France a été découvert à Tautavel, dans une grotte du Roussillon. Ce crâne, qui remonte à 400 000 ans, est celui d'un *Homo erectus*. Robustes, ces hommes taillent des outils, s'établissent en campement et vivent de cueillette et de chasse. Ils font la découverte fondamentale de la maîtrise du feu. Près de Nice, on trouve la trace des premiers foyers de l'humanité.

**L'homme de Neandertal**

Descendant des premiers Européens, les hommes de Neandertal apparaissent vers -100 000 ans. Leur physique trapu est adapté au climat froid qui règne alors. Ils sont les premiers à enterrer leurs morts. Vers - 30 000 ans, ils disparaissent subitement après avoir coexisté 10 000 ans avec les hommes de Cro-Magnon.

Le crâne de Tautavel montre qu'*Homo erectus* avait un petit cerveau, un front bas et de grosses dents.

**Un abri sous roche**

Les *Homos erectus* campent en plein air, ou, quand le relief le permet, ils profitent des abris rocheux. Suivant les saisons et la nourriture, ils s'installent plus ou moins longtemps.

Ils inventent de nombreux outils taillés sur deux faces : les bifaces.

**1.57 million d'années**
les plus vieilles traces de l'homme en Europe occidentale

**400 000 ans**
conquête du feu

**100 000 ans**
homme de Neandertal

**Cro-Magnon : un homme « moderne »**

L'arrivée d'*Homo sapiens* ouvre une nouvelle période de la préhistoire. De grande taille, avec une forme crânienne proche de la nôtre, il améliore les armes et les outils, faits de pierre et d'os.

**Bravo, l'artiste !**

C'est lui qui développe les premières formes d'art. Il sculpte l'os ou l'ivoire, peint sur les parois des cavernes, et modèle la terre. Pour la première fois, l'homme a une action dont sa survie n'est pas le seul but.

**La fabuleuse grotte de Lascaux**

Sur les parois de la grotte de Lascaux se trouvent des peintures datant de 17 000 ans. Avec des pigments naturels, les hommes ont représenté des scènes de chasse et des animaux, profitant du relief de la roche pour souligner leur anatomie.

La belle Dame de Brassempouy a été sculptée il y a 25 000 ans.

Dans la salle des Taureaux de Lascaux, le plus grand mesure 5 m de long !

40 000 ans
homme de Cro-Magnon

30 000 ans
disparition de l'homme de Neandertal

15 000 ans
occupation de la grotte de Lascaux

0

# Quand l'homme s'installe

Vers 10 000 ans avant J. C., le climat se réchauffe. Auparavant nomades, les hommes s'installent dans des villages, pratiquent l'élevage, domestiquent les animaux et utilisent la poterie. Cette période de la préhistoire est connue sous le nom de néolithique.

**Premières maisons**
Les villages sont établis à proximité d'un point d'eau. Il n'y a pas plus d'une dizaine de maisons. Construites en longueur, elles n'ont ni cheminées ni fenêtres. Les murs sont formés de branchages tressés recouverts de torchis (mélange d'argile et de paille).

**Des outils très polis**
Le néolithique est « l'âge de la pierre polie ». Les outils, jusque-là travaillés pour avoir des bords tranchants, sont polis. Ils deviennent beaucoup plus efficaces et résistants. Les haches montées sur des manches de bois permettent le défrichement des forêts.

**Le trou qui perfore ces outils de pierre polie de part en part était destiné au manche de bois.**

**Ressources à portée de main...**
Avec ces nouveaux outils, l'homme sème puis récolte des céréales. Il élève des moutons et des chèvres puis des cochons et des vaches. Des ressources qui lui permettent de varier son alimentation et de faire des provisions.

D'abord en pierre puis en métal, la faucille est indispensable à la récolte des céréales.

La molette, la petite pierre de cette meule de pierre, servait à broyer les grains.

**Vive le confort !**
Ce mode de vie améliore l'existence : les animaux domestiqués sont utilisés pour le transport. La poterie permet de cuire et de conserver les aliments. La laine et le lin sont tissés en étoffes et la roue fait son apparition.

**Le métal, c'est capital**
C'est vers 2 500 avant J. C. que les hommes parviennent à traiter les minerais et transformer le métal. Les premiers objets métalliques sont obtenus à partir du cuivre. Puis l'on découvre que le mélange du cuivre et de l'étain donne un métal très dur et plus facile à couler : le bronze. Le travail du fer n'arrive en Gaule que vers le IVe siècle avant J. C. Si la métallurgie permet de faire de beaux objets (parures, bijoux), elle multiplie aussi les armes...

## Le secret du bronze

❶ Dans l'atelier, le bronzier fait fondre le cuivre et l'étain dans un creuset.

❷ Dans des moules en pierre ou en cire, il laisse couler le métal en fusion.

❸ Quand le métal est refroidi, le moule est brisé et l'objet récupéré.

❹ Il est ensuite poli puis décoré à la main.

Dans les récipients en poterie, on peut faire fermenter les boissons obtenues avec des céréales, comme la bière et l'hydromel.

## De plus en plus de monde !

*Les conditions de vie sont meilleures, la population augmente. Sur le territoire français actuel, on estime la population de la façon suivante : de 50 000 à 1 million d'habitants (soit 1 personne pour 1 000 hectares) au néolithique, de 5 à 10 millions d'habitants (1 personne pour 100 hectares) au Ier siècle avant J. C.*

Par rapport à ceux de pierre ou de céramique, les objets de métal ont l'avantage d'être moins fragiles.

# Mystérieux mégalithes

Le terme mégalithe signifie « grosse pierre ». Il désigne les grands ensembles de pierres dressées par les hommes au néolithique. Ce sont les plus anciens monuments du monde. Menhirs, tumulus ou dolmens, on en retrouve dans toute l'Europe de l'Ouest.

**Les pierres dressées : les menhirs**

*Menhir* signifie « pierre longue » en breton. Les menhirs se dressent seuls dans la lande, alignés en files comme à Carnac ou en Corse près de Sartène, ou disposés en cercles formant alors un *cromlech*. Certains sont décorés de gravures en forme de crosses, zigzags, cercles ou spirales.

La tombe que recouvre le tumulus peut avoir des dimensions très variables, du simple dépôt d'ossements à plusieurs chambres funéraires.

Ce menhir vendéen fait 7 m de hauteur. On estime son poids à 85 tonnes !

Les pierres étaient entourées de grosses cordes de lin et déplacées sur des troncs d'arbres.

**Les tumulus**

Appelés « cairns » dans l'ouest de la France, les tumulus sont des tas de pierres entassées. Certains sont essentiellement constitués de terre mélangée à de la pierraille : on les appelle alors « tertres ». Ils sont de taille variable.
Celui de Silbury Hill en Angleterre mesure 40 m de haut pour 168 m de diamètre à la base !
La plupart du temps, ils recouvrent une chambre constituée de grosses pierres, le dolmen.

## Techniques de construction

*Les hommes enfonçaient des outils dans la roche pour la faire éclater. Une fois les pierres extraites, leur transport et leur mise en place restent mystérieux. Parfois elles étaient emportées à des kilomètres de leur lieu d'extraction ! Pour monter les pierres couvrant le dolmen, on utilisait sans doute des rampes d'accès ou un empilement successif de troncs d'arbres.*

La légende de saint Cornély raconte que les menhirs de Carnac sont des légionnaires romains pétrifiés.

**Les dolmens**
En breton, *dolmen* signifie « coffre de pierre ». C'est le type de mégalithe le plus répandu : on en trouve près de 50 000 du Portugal à la Scandinavie ! On pense que les dolmens étaient des tombeaux collectifs. Ils étaient recouverts par un tumulus (souvent disparu aujourd'hui) et parfois orientés de façon extrêmement précise par rapport au soleil. Certains possédaient un couloir couvert.

**Les mégalithes, pourquoi ?**
Dans les régions où se trouvent les mégalithes, bien des légendes populaires attribuent leur présence à la magie. Si l'on sait que les dolmens étaient des tombeaux, la fonction de ces monuments reste mystérieuse. Servaient-ils à marquer un territoire ? Étaient-ils des repères astronomiques ? Avaient-ils aussi une fonction religieuse ? Le mystère de ces pierres dressées n'est pas encore tout à fait percé.

À l'intérieur du dolmen de l'île de Gavrinis, en Bretagne, les pierres sont abondamment décorées.

Le dolmen de Browne's Hill est le plus gros d'Irlande. Érigé il y a plus de 4 000 ans, on pense qu'il abritait la tombe d'un chef.

**Les alignements de Carnac**
En Bretagne, les alignements de Carnac sont vieux de 6 000 ans. Les 2 934 menhirs s'étendent sur 4 km et sont constitués par trois ensembles. On pense que le site était un lieu de cérémonies religieuses dont les files de menhirs marquaient des allées conduisant à un espace sacré. Ces pierres traceraient alors le plan des plus anciens temples conservés de l'histoire de l'humanité.

# C'est Marseille la première

Pendant qu'en Europe, le travail du fer s'étend, au sud, des peuples méditerranéens installent des comptoirs sur leurs côtes. Vers l'an 600 avant J. C., des Grecs de Phocée débarquent dans le sud de la Gaule, près du delta du Rhône.

**Les Phocéens**
Phocée est une cité grecque d'Asie Mineure (Turquie actuelle). Excellents marins, les Phocéens naviguent sur des *pentécontores*, navires dotés de cinquante rameurs et pouvant facilement être tirés à sec sur le sable.

**La fondation de Massalia**
L'ancien port de Marseille est situé sur le site du fleuve côtier Lacydon. Un emplacement qui a plusieurs avantages : à proximité du Rhône, il est à un carrefour de routes commerciales (notamment celle de l'étain).

**Un essor rapide**
Par le couloir du Rhône, les commerçants massaliotes acheminent du vin, de l'huile et des céramiques vers l'intérieur de la Gaule. Ils transmettent ainsi aux Celtes la culture de l'olivier et de la vigne, introduisent l'alphabet grec et les premières monnaies.

**Des marins hors pair**
Aux Ve et IVe siècles, les marins de la ville ouvrent de nouvelles voies commerciales. Euthymènes aurait exploré les côtes de l'Afrique et navigué jusqu'au Sénégal. Vers 330 avant J. C. l'explorateur Pythéas atteint l'Islande et la mer Baltique !

**Une ville dédiée au commerce**
Au IVe siècle avant. J. C., Massalia compte entre 30 000 et 40 000 habitants. C'est le plus grand centre urbain de Gaule. Sa prospérité est entièrement fondée sur le commerce.

En terre cuite, les amphores étaient nécessaires au transport du vin, de l'huile et des céréales.

## Légende rose

*Tout aurait commencé par une histoire d'amour. Protis, un Phocéen, est envoyé par les siens sur le site de la future Massalia. Il y débarque le jour où le roi des lieux marie sa fille. Celle-ci doit choisir son mari en lui offrant à boire. C'est à Protis qu'elle tend la coupe... En cadeau de noces, les mariés auraient reçu le site de la ville.*

**Le port de Marseille est isolé du grand large par une rade bien ouverte mais facile à protéger.**

# Les Celtes et l'âge du fer

Les Celtes viennent de l'Europe de l'Est. Vers 800 avant J. C., ce peuple de cavaliers, doté de redoutables armes de fer, commence à s'établir dans le territoire qui deviendra la Gaule. Les historiens donneront aux Celtes de Gaule le nom de Gaulois.

Ce casque celte est caractérisé par son bouton au sommet et ses couvre-joues sur les côtés.

L'oppidum de Saint-Blaise (Bouches-du-Rhône) devait sa richesse au commerce du sel. La cité fut un temps concurrente de Marseille.

En cuir, en fer ou en bronze, le fourreau permet de protéger la longue épée plate.

**L'âge du fer**
Les Celtes introduisent en Europe la technique de la métallurgie du fer, qui se répand très vite. Le fer s'utilise seul, sans alliage. Il peut être forgé à chaud sans qu'il y ait besoin de moules. Les outils destinés à l'agriculture et à l'artisanat mais surtout les armes se multiplient. En Europe de l'Ouest, cet « âge du fer » s'étend de 750 à 52 avant J. C.

**Les artisans : de vrais artistes**
Regroupés en ateliers, les artisans fabriquent des tonneaux, des roues, des poteries fines et des objets en verre moulé. C'est dans le travail du métal qu'ils sont les meilleurs : armuriers, chaudronniers, orfèvres laissent une abondante production en or, bronze, fer ou argent.

Le torque est un collier celte ouvert. En or massif, celui de la dame de Vix (ci-contre) pèse 480 grammes !

**Campagnes et villes gauloises**
La Gaule est un pays fertile et la campagne est peuplée. Les paysans, qui disposent d'outils efficaces, cultivent en abondance. L'élevage et les ressources du sol fournissent une nourriture variée et abondante. Au IIe siècle avant J. C. apparaissent de vastes villes fortifiées, les *oppida*, construites près d'une voie commerciale et souvent dans des endroits peu accessibles. À l'intérieur des remparts, la vie est organisée par quartiers. Certains sont résidentiels et, dans d'autres, artisans ou commerçants se regroupent. En cas de danger, l'oppidum sert aussi de refuge aux paysans des alentours.

### Des hommes très religieux

Les Gaulois craignent les puissances de l'au-delà et sont très superstitieux. Ils vénèrent plusieurs dieux, dont Taranis (dieu du feu) ainsi que Teutatès (protecteur des guerriers et de la tribu). Les fêtes religieuses sont célébrées dans des sanctuaires qui sont le plus souvent naturels (rochers, source, lac). Pour les Gaulois, le culte des défunts est très important.

### Vix : un fabuleux trésor

À Vix, en Bourgogne, on a retrouvé la tombe d'une noble dame, morte vers 480 avant J. C. Allongée sur un char, elle était parée de somptueux bijoux. Auprès d'elle se trouvait un cratère (vase) grec de bronze, unique au monde par sa taille (1,64 m de haut et 208 kilos).

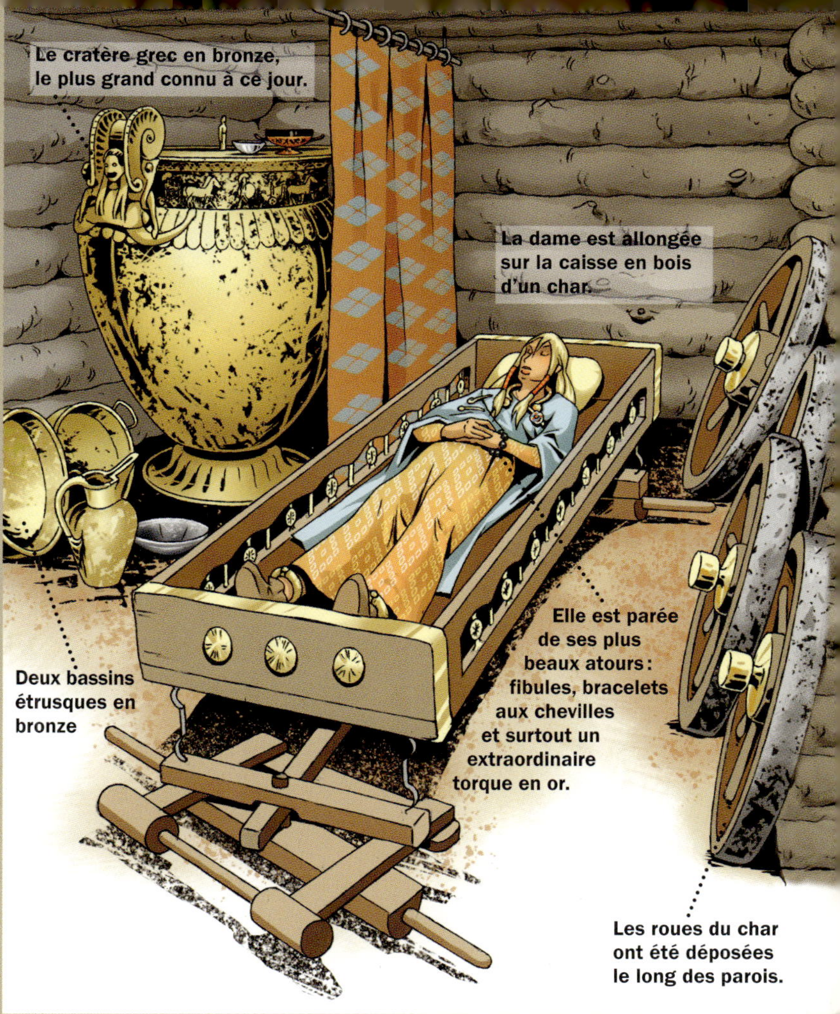


Les objets présents dans cette tombe celte témoignent des contacts que les Gaulois avaient établis avec les Étrusques et les Grecs.

Torques, pendentifs et bracelets ciselés, creux ou tressés, tous ces bijoux en bronze témoignent de l'habileté des orfèvres gaulois.

### Raffinés, les Gaulois !

Très propres, les Gaulois se lavent au savon et soignent leur teint et leur chevelure. Les étoffes en laine ou en lin sont de couleurs éclatantes. Les hommes portent une tunique et des pantalons larges resserrés en bas : les braies. Les femmes, quant à elles, ont une robe longue serrée à la taille par une ceinture de cuir ou de bronze. Et, par-dessus tout, hommes et femmes aiment se parer de multiples bijoux : torques, fibules (épingles de métal fixant les vêtements), bracelets…

**La tribu, de haut en bas**

**Elle regroupe des personnes vivant sur un même territoire.**

# Trésors très anciens

Qu'est-ce qui a amené les hommes à dessiner, peindre, sculpter ? Est-ce pour fixer des croyances religieuses, pour raconter des histoires dans un monde où l'écriture n'existe pas ? La question n'est pas résolue, mais les chefs-d'œuvre sont là…

**On a retrouvé 55 mains à Cosquer. Veulent-elles montrer un chemin ?**

**La *Dame de Saint-Sernin* n'est pas une princesse, mais une belle statue-menhir !**

**Le dolmen de Gavrinis est exceptionnel par son somptueux décor intérieur. Courbes, lignes droites, crosses, haches ornent toutes les dalles de pierre**

**Âgée de 6 000 ans, la Table des marchands à Locmariaquer est un dolmen à couloir servant de sépulture collective.**

**En bois de renne, le bison se léchant est une sculpture du paléolithique, extrêmement précise.**

Unique au monde, la grotte sous-marine de Cosquer abrite des œuvres peintes, comme ce pingouin âgé de 19 000 ans.

La grotte du Pech Merle renferme deux chevaux couverts de points et entourés d'empreintes de mains négatives.

de la galerie couverte et de la chambre. À ce jour, on ne sait pas quelle est la signification de tous ces signes.

Ces têtes sculptées d'Entremont représentent sans doute des trophées de guerre.

Comme ce vase, des objets en céramique sont placés dans les tombes.

À Lascaux, un seul homme est représenté. C'est un chasseur renversé brutalement par un bison.

Long de 20 m, l'impressionnant dolmen de la Roche-aux-Fées est constitué d'une quarantaine de blocs de pierre.

# La guerre des Gaules

L'invasion de la Gaule par les Romains s'étend sur plus d'un siècle. Les Romains interviennent en Gaule dès 125 avant J. C. Puis les conflits entre les peuples gaulois s'intensifient et un chef romain très ambitieux, Jules César, va profiter de la situation…

**Premières conquêtes**
En 125 avant J. C., les Phocéens de Marseille, menacés par les Gaulois, demandent de l'aide aux armées romaines qui occupent alors tout le midi de la Gaule, de la vallée du Rhône jusqu'aux abords d'Agen. Narbonne et Aix-en-Provence sont créées. C'est la première province romaine en Gaule, la *Provincia*.

**César : un Romain très ambitieux**
En 59 avant J. C., Jules César en devient gouverneur et ambitionne de devenir le seul maître à Rome. Pour cela, il lui faut trouver de l'argent et conquérir une gloire militaire sans précédent. La Gaule est une proie intéressante… et, quand les Éduens l'appellent au secours pour contenir les Helvètes qui les menacent, le prétexte est trouvé !

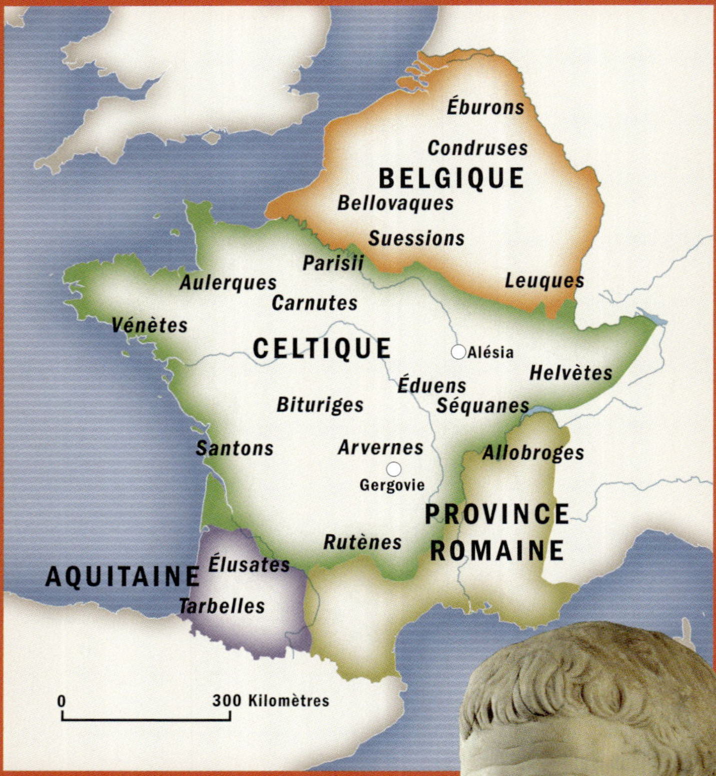


**La Gaule avant la conquête romaine**
Le sud de la Gaule de Nice aux Pyrénées est déjà une province romaine. Le reste de la Gaule est divisée en trois parties : la Gaule Belgique, la Gaule celtique et l'Aquitaine.

Avec la conquête de la Gaule, César entre dans l'histoire. Il a 41 ans.

**L'ARMÉE ROMAINE** est divisée en légions composées de fantassins et de cavaliers.

**L'union fait la force**
Face à la puissante armée romaine, les tribus gauloises ne sont pas unies et César joue sur leurs rivalités. Mais il réprime si cruellement les révoltes que, en janvier 52 avant J. C., un soulèvement s'organise, réunissant les tribus sous le commandement d'un seul chef : le jeune Vercingétorix.

Autour d'ALÉSIA, les armées romaines ont construit en cinq semaines deux lignes de fortifications. Pris au piège, Vercingétorix et ses guerriers tentent un dernier assaut.

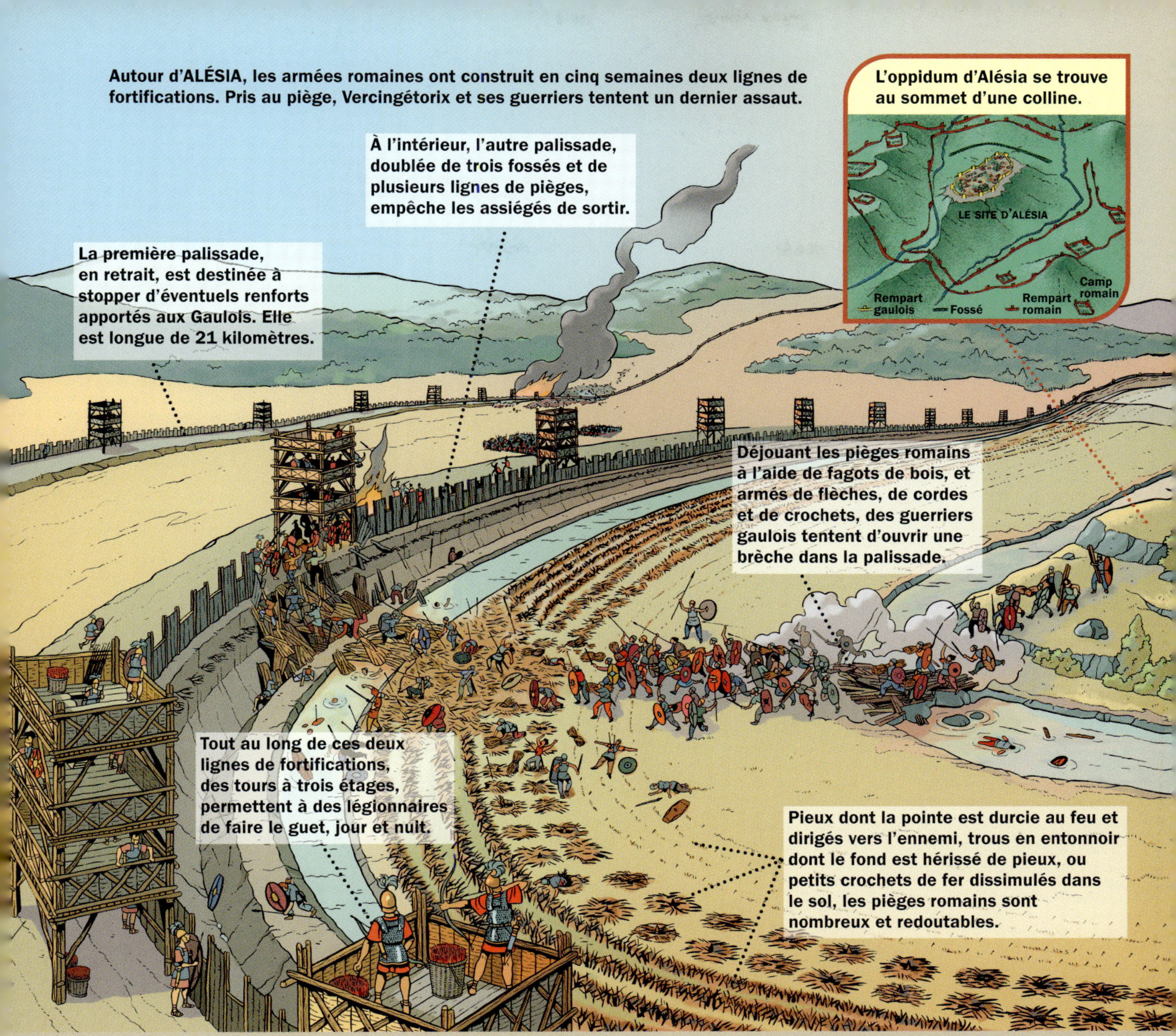


**Un Gaulois très audacieux**
À la tête de la tribu des Arvernes, Vercingétorix est désigné comme le chef de la résistance contre César. Il soumet ses guerriers à une rude discipline et pratique la tactique de la « terre brûlée ». En mai 52, il inflige à César une sévère défaite à Gergovie.

**Alésia ou la fin de la guerre des Gaules**
Mais César ne se laisse pas faire et il réplique en écrasant la cavalerie gauloise près de Dijon. Vercingétorix va se replier avec ses hommes dans l'oppidum d'Alésia. Les Romains font alors d'immenses travaux de fortifications tout autour de l'oppidum. Réduit à la famine après deux mois de siège, et malgré l'arrivée de renforts, le chef gaulois se rend à César. La guerre des Gaules prend fin. Près d'un million de Gaulois y ont trouvé la mort. Prisonnier à Rome, Vercingétorix est étranglé en 46 avant J. C.

Les grandes tribus gauloises frappent leur monnaie.
Ce statère arverne est à l'effigie de Vercingétorix.

**César, grand reporter**
*On connaît les détails de la guerre des Gaules grâce aux* Commentaires sur la guerre des Gaules *que César a écrits durant sa campagne. S'il décrit avec précision la Gaule à la veille de la conquête, ce document n'en reste pas moins un outil de propagande. Édité dès 51 avant J. C., il entretient la gloire de César auprès de l'opinion romaine.*

# Romains + Gaulois = Gallo-Romains

César, puis l'empereur Auguste mettent tout en œuvre pour imposer la paix romaine (*pax romana*) et organiser le territoire. Les Gaulois adoptent assez vite la culture des occupants. De ce nouveau mode de vie naît la civilisation gallo-romaine.

**Quatre provinces prospères**
En 27 avant J. C., la Gaule est partagée en quatre provinces: la Narbonnaise, l'Aquitaine, la Belgique et la Lyonnaise. Le Sénat romain administre la Narbonnaise, mais les autres provinces sont gérées par un gouverneur représentant l'Empereur. Ces « Trois Gaules » ont pour capitale: Lugdunum (Lyon aujourd'hui).

**Beaucoup de Rome...**
Les Gaulois adoptent très vite les habitudes des Romains et leur façon de vivre. Ils s'habillent comme eux et portent des noms latins. Malgré quelques révoltes, cette « romanisation » est générale.

**Un peu de Celte...**
Mais l'emprise de Rome n'est pas totale. Malgré le culte de l'Empereur et la perte de pouvoir des druides, les rites gaulois persistent et les dieux gaulois se mêlent aux dieux romains.

**Un petit air de Rome**
Partout des villes sont ornées de monuments à la romaine: arènes, théâtres, temples... Au centre se trouve la place publique, le forum. L'eau est amenée par des aqueducs et distribuée dans des fontaines ou dans des thermes. Une nouveauté qui apporte confort et hygiène!

**La Gaule romaine**
**En 27 avant J. C., l'empereur Auguste divise la Gaule en quatre provinces: la Narbonnaise, l'Aquitaine, la Lyonnaise et la Belgique. En 17, deux nouvelles provinces sont créées le long du Rhin: la Germanie inférieure et la Germanie supérieure.**

**Une villa à la campagne**
Les terres cultivées s'étendent. La vie agricole s'organise autour de grands domaines ruraux. Entourées de terres, les *villae* sont parfois très luxueuses, regroupant autour d'une cour, outre les appartements, des thermes, des granges, des écuries et parfois des ateliers. À côté de ces domaines vivent des petits propriétaires et des paysans.

## Une nouvelle religion

*Dès le Ier siècle, une nouvelle religion parvient en Gaule. Inspirée par Jésus-Christ, cette religion monothéiste délivre un message d'amour et de charité. Malgré les persécutions des IIe et IIIe siècles, la diffusion du christianisme se poursuit, surtout dans les villes. Au IVe siècle, saint Martin évangélise les campagnes et les premiers monastères apparaissent.*

❶ Les villes gallo-romaines sont entourées de remparts percés de portes comme ici à Autun, la porte Saint-André.

❷ Achevé en 12 avant J. C., le théâtre romain d'Arles pouvait accueillir 10 000 spectateurs qui se répartissaient sur 33 gradins.

❸ Dans les arènes de Nîmes, les Gallo-Romains se passionnaient pour les combats de gladiateurs.

❹ Les coiffures aussi suivent la mode romaine : cheveux courts pour les hommes et coiffures élaborées pour les femmes.

❺ Après la conquête, la culture de la vigne se répand partout. Dès le IIe siècle, on trouve des vignobles en Bourgogne.

❻ Dans chaque ville, petite ou grande, il y a des thermes, comme dans la cité antique de Glanum (Saint-Rémy-de-Provence).

❼ Remarquable avec ces trois rangs d'arches, le pont du Gard est le mieux conservé des ponts-aqueducs romains.

❽ Édifiée selon le modèle du temple d'Apollon à Rome, la Maison Carrée de Nîmes faisait partie du forum.

# Au secours, voilà les Barbares !

Par « Barbares », les Romains désignent les peuples ne faisant pas partie de l'Empire. C'est donc ainsi que furent qualifiés les peuples germaniques. Progressivement, à partir du IIIe siècle, ils envahissent l'Europe et créent de multiples royaumes.

**Les grandes invasions**

- *241-242 : des Francs essaient de pénétrer dans l'Empire.*
- *370 : les Huns avancent vers l'ouest, poussant les peuples germaniques.*
- *406 : les Germains franchissent le Rhin.*
- *410 : les Wisigoths pillent Rome.*
- *428 : les Angles et les Saxons attaquent la Bretagne (actuelle Grande-Bretagne).*
- *429 : Les Vandales créent un royaume en Afrique du Nord.*
- *451 : les Huns sont repoussés à la bataille des champs Catalauniques.*
- *476 : fin de l'Empire romain d'Occident.*

**Les Barbares ? On connaît déjà...**
Quand débutent les grandes invasions, cela fait un moment que de petits groupes de Barbares, à la recherche de terres, ont franchi le *limes*, la frontière de l'Empire. Ils ont été facilement intégrés. Les Romains s'en font des alliés *(foederati)* et beaucoup servent même dans l'armée romaine.

**Les grandes invasions**

**Au v<sup>e</sup> siècle, sous la poussée des Huns, des peuples germaniques déferlent sur l'Europe où ils s'établissent, transformant profondément le visage de l'Occident.**

**... mais en 406 ils arrivent en masse !**
Fuyant devant les redoutables Huns, des cavaliers nomades venus d'Asie, les peuples germaniques arrivent en masse en Europe de l'Ouest. L'hiver 406 est rude et le Rhin, gelé, permet le passage des Barbares et leur arrivée en Gaule. Ils se répandent dans tout l'Empire.

**Et voici les Francs !**
Vers 430, les Francs pénètrent en Gaule et en occupent bientôt le nord-ouest jusqu'à la Somme. Grands, avec des cheveux blonds, ils portent de longues moustaches et seul leur roi a le droit de porter les cheveux longs. Ils sont armés de leur fameuse hache de guerre : la francisque.

**Attila, le « fléau de Dieu »**
Vers 435, Attila réunit sous son autorité toutes les tribus des Huns et forme un empire au centre de l'Europe. Celui que l'on surnomme le *fléau de Dieu* se tourne alors vers l'Occident. Il franchit le Rhin et sème la terreur en Gaule. Devant le danger, Wisigoths, Burgondes et Francs s'allient aux Romains et vont infliger une défaite décisive aux Huns, aux champs Catalauniques, en 451.

**Pour régner seul sur l'empire des Huns, Attila n'a pas hésité à faire assassiner son frère Bléda.**

**La fin d'un Empire**
Déjà affaibli, l'Empire romain d'Occident ne résiste pas à ces invasions. En 476, le dernier empereur est déposé. Mais la plupart des institutions romaines subsistent et le latin reste la langue officielle. En Gaule, les Germains s'intègrent rapidement.

# Les p'tits plus

## UN FESTIN GAULOIS

Les Gaulois sont de gros mangeurs et la viande est leur alimentation principale. Amateurs de sanglier et de porc, ils produisent de la charcuterie et savent préparer le foie gras.

## LES FEMMES AUSSI SONT DES ARTISTES

En 2006, des chercheurs ont démontré que les empreintes de mains laissées dans les grottes ornées ont été faites par des hommes, mais également par des femmes...

## UN TROU DANS LA TÊTE

On trépanait à l'aide de silex durant la Préhistoire. Cette technique était si bien maîtrisée que de nombreux patients ont survécu !

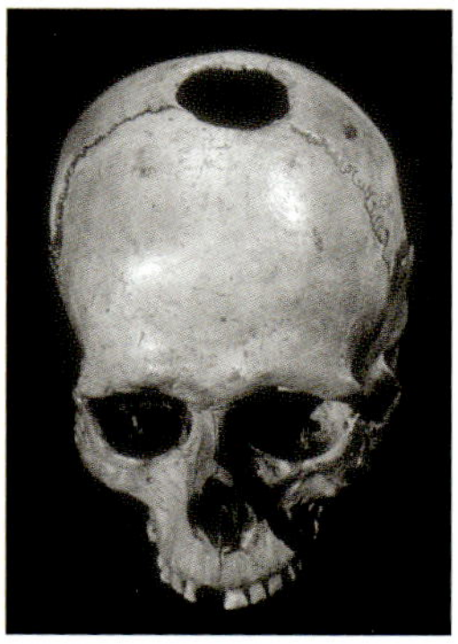

## GLOZEL : VRAI OU FAUX ?

En 1924, on découvre à Glozel une fosse contenant des objets de pierre et d'os et des tablettes d'argile présentant une écriture non identifiée. En 1983, après des années de débats, des études ont prouvé que le site n'était pas ancien...

## LE GUI

Pour les Gaulois, le gui, qui fleurit lorsque tombent les feuilles du chêne sur lequel il vit, est le symbole de l'immortalité.

## PREMIÈRES LAMPES

Ce sont des pierres creusées pour y recevoir une mèche imbibée de graisse animale. L'une des plus belles a été retrouvée à Lascaux.

## LE TONNEAU : UNE INVENTION GAULOISE

Ce sont les Gaulois qui inventent les tonneaux de bois. Cerclés de fer et enduits de poix, ces tonneaux servent au transport du vin.

## LES MONNAIES CELTES

À la fin du IVe siècle avant J. C., les peuples celtes se mettent à frapper leurs premières monnaies, copiant les modèles grecs. Progressivement, ces monnaies vont remplacer le troc.

## PALÉOLITHIQUE OU NÉOLITHIQUE ?

Le paléolithique débute avec l'apparition de l'homme et se termine, il y a 10 000 ans, avec la sédentarisation. Commence alors la période néolithique, qui dure jusqu'à l'apparition de l'écriture.

### LE LAC DE CHALAIN

Dans les eaux du lac de Chalain, dans le Jura, se trouvent les vestiges de villages lacustres néolithiques. Il est aujourd'hui impossible de les dégager : à l'air libre, ils se dégraderaient en quelques jours !

### ATTILA : PAS SI BARBARE QUE ÇA !

Malgré une réputation faisant de lui un barbare sanguinaire, il est à noter qu'Attila était aussi un homme particulièrement avide de connaissances et totalement fasciné par la culture romaine. En Hongrie, il avait créé autour de lui une cour raffinée.

### FRISE DE ROC-AUX-SORCIERS

L'abri sous roche de Roc-aux-Sorciers (Vienne) est surnommé le « Lascaux de la sculpture ». Une longue frise sculptée, gravée et peinte il y a 15 000 ans, orne les parois. Un ensemble unique au monde !

### DRÔLES DE BÊTES

Cro-Magnon ramenait de la chasse certains animaux aujourd'hui disparus comme l'auroch (l'ancêtre de nos bovidés), le bison des steppes, le redoutable lion des cavernes (sans doute l'un des plus gros félins de tous les temps), le rhinocéros laineux ou le mégacéros.

### KHOMA, UN BÉBÉ VIEUX DE 50 000 ANS !

Khoma est un bébé mammouth âgé de 50 000 ans. Il a été retrouvé en Sibérie, et est pour l'instant dans un laboratoire à Grenoble. Les chercheurs vont le débarrasser de ses microbes potentiellement dangereux avant de pouvoir le présenter au public.

### BIBRACTE, CAPITALE DES ÉDUENS

Perché à 820 m d'altitude, l'immense oppidum de Bibracte était la capitale des Éduens. On estime entre 5 000 et 20 000 le nombre de ses habitants.

### LES THERMES DE DAX

À Dax, les Romains vont construire des thermes autour de la source d'eau chaude. Bientôt, les bienfaits de ces eaux sont connus jusqu'à Rome.

### LE CARNYX

Cette grande trompette de guerre mesurait 1,80 m de hauteur. Les Gaulois en jouaient pendant les batailles pour effrayer leurs ennemis. Le carnyx découvert à Tintignac, en Corrèze, est le plus complet trouvé à ce jour.

### MAISONS GAULOISES

Ce sont de simples huttes rondes au toit de chaume. Le sol est recouvert de tapis et de peaux. Il y a peu de mobilier.

### À L'ÉCOLE GALLO-ROMAINE

Sous la conduite d'un maître, les garçons des familles aisées apprennent à compter et à lire et écrire le latin. Mais gare à l'indiscipline : le maître n'hésite pas à frapper avec sa férule !

En lan de nostre seigneur
mil cent soixante
dix et noef fut
mis traitie de mariage entre
phelippe le roy de france et ysa
bel fille du conte bauduin
de henau lequel conte bau

# Moyen Âge

# Clovis et la naissance du royaume franc

La fin de l'Empire romain d'Occident, en 476, marque l'entrée dans le Moyen Âge. La Gaule est aux mains des Barbares. Au Nord s'installent les Francs Saliens, peuple de guerriers germaniques. L'un d'entre eux, Clovis, va étendre son autorité à l'ensemble de la Gaule.

La dynastie des Mérovingiens va régner sur la Gaule pendant deux siècles et demi, jusqu'en 751.

**Les conquêtes de Clovis**
Très vite et malgré son jeune âge, Clovis fait preuve d'un grand talent politique et militaire. Au début de son règne, il est roi d'une petite tribu et ne possède qu'un modeste territoire autour de Tournai (Belgique actuelle). Petit à petit, par la diplomatie, la ruse et la force, il étend sa domination. À Soissons, en 486, il bat Syagrius, chef des derniers Romains présents en Gaule.

**Le royaume franc sous contrôle**
Clovis remporte ensuite plusieurs victoires contre les Barbares des alentours. À Tolbiac, vers 496, il repousse les Alamans. Puis il s'allie aux Burgondes et vainc à Vouillé, en 507, le roi wisigoth Alaric II qu'il tue ensuite. Les Francs peuvent alors conquérir l'Aquitaine. Clovis choisit Paris comme capitale où il s'installe dans un palais de l'île de la Cité. À sa mort, en 511, la plupart des anciennes « terres gauloises » sont passées sous son contrôle.

**Clovis, roi des Francs**
Originaires de la région du Rhin, les Francs Saliens sont dirigés par des rois, descendants de Mérovée, et sont appelés les Mérovingiens. Clovis, dont le prénom signifie « Louis », est le fils du roi Childéric Ier. En 481, il succède à son père. Il n'a que quinze ans et une abondante chevelure, signe de puissance. Porter les cheveux longs était le privilège des hommes de pouvoir.

En 511, à la mort de Clovis, le royaume franc s'étend de la Manche aux Pyrénées et du Rhin à l'Atlantique.

| 481 | 486 | 493 | 496 |
|---|---|---|---|
| Clovis roi des Francs | Victoire de Clovis contre Syagrius | Clovis épouse Clotilde | Baptême de Clovis à Reims par l'évêque Remi |

Clovis va devenir le premier souverain catholique d'Occident.

**Le baptême de Clovis**
Clovis est marié à Clotilde, une princesse catholique. Sous son influence, il se convertit et se fait baptiser à Reims à Noël, vers 496. Cet acte religieux mais aussi politique permet à Clovis de bénéficier de l'appui de l'Église, dont le rôle et l'autorité sont alors essentiels.

**Petits meurtres en famille**
Selon la coutume franque, à la mort du roi, ses héritiers se partagent le royaume, n'hésitant pas à tuer les membres gênants de leur famille… Comme Clotaire Ier, fils de Clovis, qui égorge ses neveux pour s'emparer de leurs terres, et fait brûler vif son fils qui s'est révolté contre lui. Parfois, l'un des rois rétablit l'unité comme Clotaire II et son fils Dagobert.

**Petites histoires mérovingiennes**

L'histoire des Mérovingiens est connue grâce à *L'histoire des Francs* écrite par Grégoire de Tours (VIe siècle).

Dagobert Ier n'a jamais mis sa culotte à l'envers ! Cette chanson a été inventée pour se moquer de Louis XVI !

La loi salique est le recueil de lois des Francs Saliens. Elle exclut les femmes de la succession.

La loi salique précise la somme à payer pour un crime ou un délit. Quand on arrache une main, l'on doit 100 sous…

Seuls les princes de sang royal portent les cheveux longs. S'ils sont tondus, ils sont écartés du pouvoir.

Clotaire II † 629 — Haldetrude † date inconnue — Nantilde † 642 — Dagobert Ier † 639 — Clovis II † 657 — Bathilde † 680 — Clotaire III † 673

511 Mort de Clovis, partage du royaume — 558-561 Règne de Clotaire Ier — 561-584 Règne de Chilpéric Ier — 584-629 Règne de Clotaire II — 629-639 Règne de Dagobert Ier

# Naissance d'un empire en Occident

Peu à peu, les rois mérovingiens perdent le pouvoir au profit des grands seigneurs qui administrent le royaume. L'un d'entre eux, Pépin le Bref, fonde une nouvelle dynastie : les Carolingiens. Ils vont régner sur le royaume franc de 751 à 987, soit plus de deux siècles.

**Des rois vraiment fainéants ?**
Après la mort de Dagobert commence une longue période de décadence. Dans le royaume morcelé, les rois perdent de leur puissance et leur autorité est très limitée. Les maires du palais, chargés de l'administration, prennent une place de plus en plus importante. Ces derniers Mérovingiens sont appelés les « rois fainéants ». Non pas parce qu'ils étaient paresseux, mais parce qu'ils montaient très jeunes sur le trône et que leur mère ou des ministres gouvernaient à leur place.

On représente souvent les rois fainéants allongés dans une voiture tirée par des bœufs. Une image qui ne correspond pas à la réalité.

Celui qui frappe comme un marteau gagne son surnom de « Martel » à Poitiers.

**Les maires du palais**
Au départ, les maires du palais sont de grands seigneurs qui s'occupent de l'intendance du palais du roi mérovingien. Ils gèrent sa fortune et dirigent les domestiques. À partir du VII<sup>e</sup> siècle, profitant de la faiblesse du roi, ce sont eux qui exercent la réalité du pouvoir. Au VIII<sup>e</sup> siècle, l'un d'entre eux, Charles Martel devient un homme très puissant. À la tête de ses armées, il unifie le royaume mérovingien. En 732, sa victoire sur les Arabes à Poitiers lui donne un immense prestige. Il en profite pour soumettre l'Aquitaine, la Bourgogne et la Provence. C'est lui le véritable chef de l'État franc.

Après son sacre ; le titre exact de Charlemagne est le suivant : « *Sérénissime Auguste, couronné par Dieu, grand et pacifique empereur gouvernant l'Empire romain* ».

**Petit, mais puissant !**
Fils de Charles Martel, Pépin le Bref est ainsi nommé en raison de sa petite taille. À la mort de son père, il partage le pouvoir avec son frère Carloman avant que celui-ci ne devienne moine. Seul au pouvoir, Pépin est élu roi des Francs en 751. Childéric III, le dernier des Mérovingiens, est tondu puis envoyé dans un monastère. Sacré par le pape, Pépin fonde une nouvelle dynastie : les Carolingiens. Il entreprend de réformer l'Église avec saint Boniface, crée une monnaie royale et améliore l'administration.

**Charles le Grand**
Le fils de Pépin, Charles, règne à partir de 768. Il lutte contre les Arabes alors présents en Espagne et, par ses conquêtes, agrandit son royaume. En 800, sa puissance est considérable. Grâce à l'appui du pape Léon III dont il est le protecteur, il se fait couronner empereur à Rome, le 25 décembre de l'an 800. Appelé Charlemagne, il règne sur un immense empire.

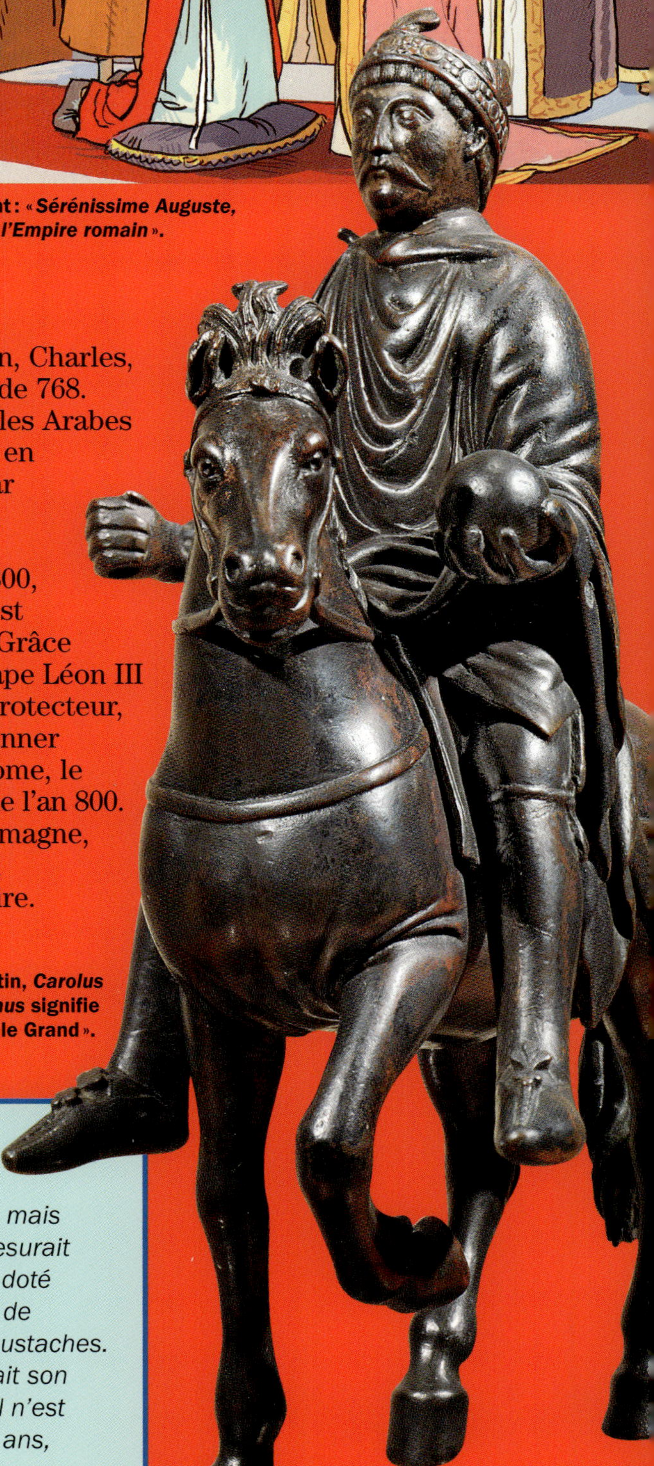

En latin, *Carolus magnus* signifie « Charles le Grand ».

## Portrait d'un empereur

*Charlemagne était grand par sa puissance mais aussi par sa taille : il mesurait plus de 1,90 m ! Il était doté d'un long nez et portait de longues et épaisses moustaches. Il était coiffé « au bol ». Son ventre rond trahissait son gros appétit. Sportif, il avait une santé de fer : il n'est jamais tombé malade et est mort à plus de 65 ans, âge très avancé pour son époque.*

# La vie dans l'Empire carolingien

À la tête d'un territoire qui s'étend des Pyrénées à l'actuel Danemark et de la Normandie à l'Autriche, Charlemagne va édifier un État puissant. Il met en place une grande réforme administrative et va être à l'origine d'une véritable renaissance culturelle.

**Une capitale Aix-la-Chapelle**
Charlemagne choisit Aix-la-Chapelle (actuellement en Allemagne) comme capitale de son empire et y établit son palais principal. C'est là qu'il trône et qu'il réunit chaque année les grands du royaume. Ces assemblées s'appellent les « plaids ». À cette occasion, les lois (les « capitulaires ») sont approuvées.

**Les *missi dominici* vont toujours par deux...**
L'empire est divisé en près de 300 comtés administrés par des comtes. Ces derniers ont pour charge de lever l'armée, récolter les impôts et rendre la justice. Pour les contrôler, l'empereur envoie régulièrement des inspecteurs : les *missi dominici* (ce qui veut dire « envoyés du souverain »). Ces derniers vont toujours par deux : un laïque et un ecclésiastique.

Le trône de Charlemagne se trouve dans la chapelle du palais.

Pour l'empereur, les *missi dominici* veillent à l'application des lois, sanctionnent les comtes négligents et jouent le rôle de juges.

## Jamais sans mon latin

*Comment diriger un territoire où les langues sont diverses et les prononciations variées ? En parlant latin. Cette langue utilisée par les clercs et les lettrés est la langue de l'administration, et devient celle qui permet la communication entre les différents peuples chrétiens. Charlemagne veille à la qualité du latin utilisé : il doit être pur afin d'être compris de tous.*

**Les écoliers étudient aussi l'arithmétique et la grammaire. Charlemagne vient en personne visiter les écoles.**

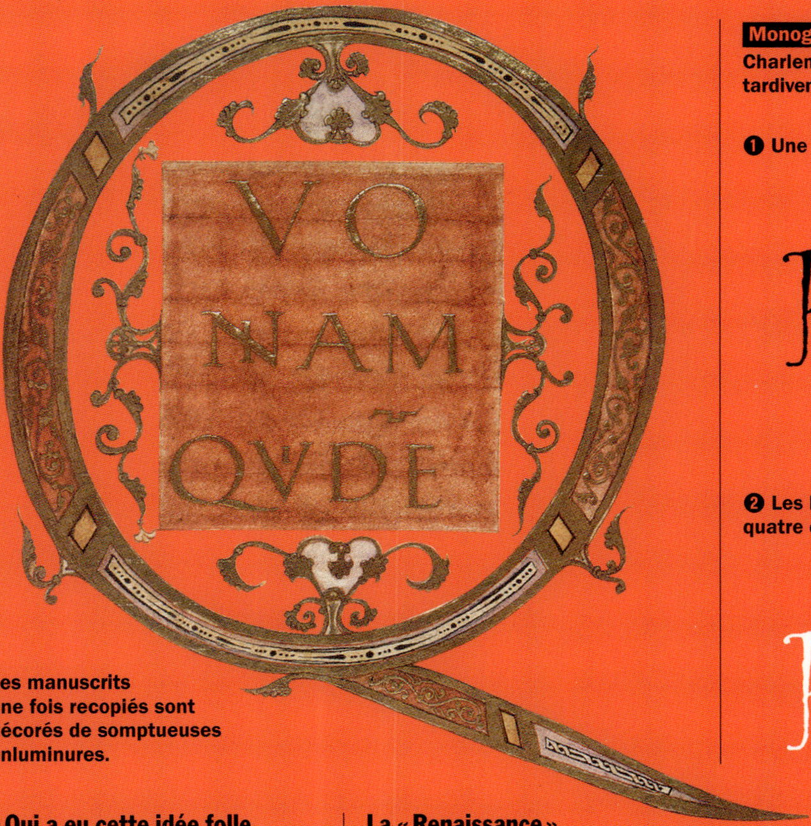


**Les manuscrits une fois recopiés sont décorés de somptueuses enluminures.**

**Monogramme de Charlemagne**

**Charlemagne a appris à écrire tardivement. Voici comme il signait :**

**❶ Une croix au milieu :**

**❷ Les KRLS, 4 consonnes aux quatre extrémités de la croix :**

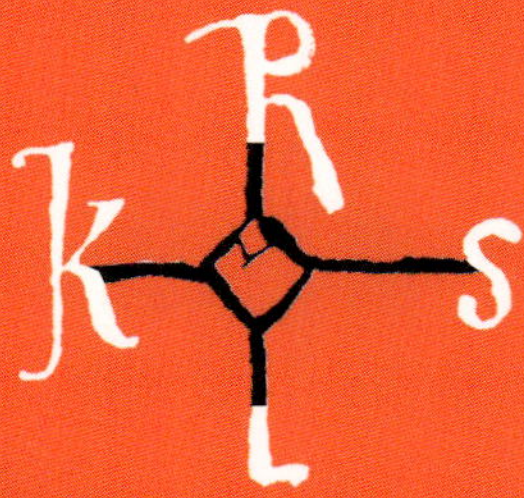

**❸ Dans le losange central, les trois voyelles : A (en haut), O (le losange), U (en bas). Le tout pour *Karolus*, « Charles », en latin (mais avec le K franc) :**

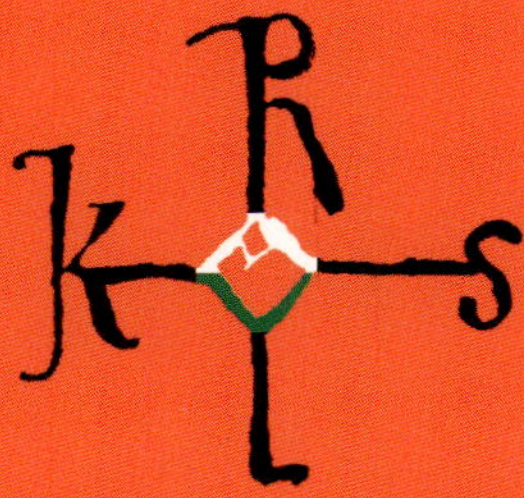

### « Qui a eu cette idée folle d'inventer l'école ? »

Non, Charlemagne n'a pas inventé l'école, mais c'est une de ses grandes préoccupations. Il veut créer des écoles pour que les enfants apprennent à lire et étudient le latin et le grec. Pour l'aider dans cette tâche, l'empereur s'entoure de grands érudits comme l'Anglais Alcuin ou l'Allemand Éginhard.

### La « Renaissance » carolingienne

Les arts s'épanouissent et beaucoup d'églises sont construites, décorées de mosaïques ou de fresques. L'orfèvrerie et le travail de l'ivoire se développent. Grâce à la minuscule caroline, une nouvelle forme d'écriture plus lisible et facile à tracer, les moines recopient de nombreux manuscrits.

# Des envahisseurs venus du Nord

À partir de l'an 840, les Vikings venus du Nord effectuent des raids dévastateurs. L'Empire carolingien divisé entre les petits-fils de Charlemagne ne résiste pas à ces attaques. Les nobles renforcent leurs pouvoirs et une nouvelle dynastie apparaît : celle des Capétiens.

**L'empire divisé**
Malgré les efforts du fils de Charlemagne, Louis Ier le Pieux, les rivalités de ses propres fils vont entraîner l'affaiblissement de l'empire et de la monarchie carolingienne. Les évêques et la noblesse vont alors renforcer leurs pouvoirs. Par le traité de Verdun en 843, le territoire est divisé en trois parties. À l'ouest, la Francie occidentale, c'est-à-dire la France, revient à Charles le Chauve.

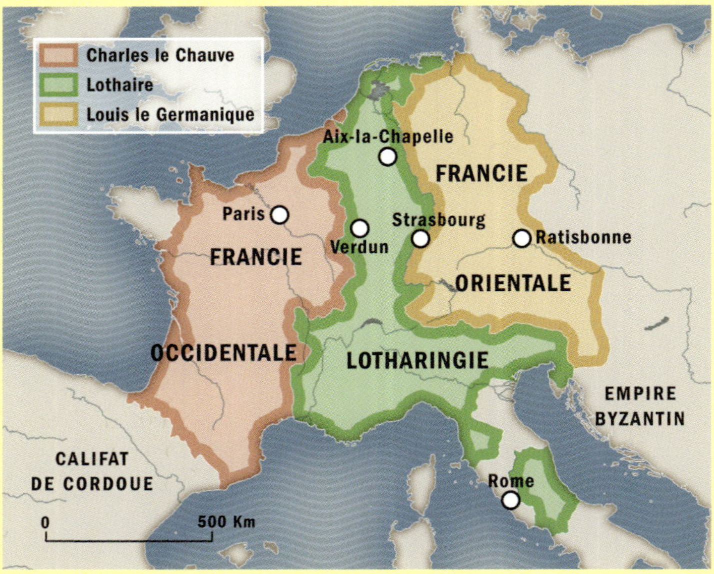

**Les Normands sèment la terreur**
Ainsi divisé, l'empire doit faire face à de nouvelles invasions. Venant des terres de Scandinavie, les Normands (« hommes du Nord ») remontent les fleuves à bord de leurs drakkars. Ils attaquent toujours par surprise, pillant villes et monastères, brûlant tout sur leur passage. Ils assiègent même Paris durant l'hiver 885-886 !

**Les comtes prennent le pouvoir**
À ces invasions s'ajoutent les raids des musulmans attaquant les côtes au sud et les cavaliers hongrois qui terrorisent les populations à l'est. Les paysans se tournent vers les grands propriétaires qui assurent leur protection. Certains comtes deviennent si puissants qu'ils proclament l'indépendance de leur région.

**Un Parisien sur le trône**
Louis V, le dernier des Carolingiens, meurt en 987. Les grands du royaume élisent alors Hugues Capet, sacré peu après. Très puissante, sa famille possède l'Île-de-France, la Bourgogne et l'Orléanais, les régions les plus riches du royaume. Sous son règne, la société féodale achève de se mettre en place.

**Les Normands... en Normandie !**

*Puisque l'on ne parvient pas à se protéger des Normands, la solution est de les fixer dans une région déterminée. Charles le Simple, roi de 893 à 923, leur propose le territoire de la Basse-Seine. En retour, ils doivent lui jurer fidélité et se faire baptiser. Leur chef Rollon accepte et signe le traité de Saint-Clair-sur-Epte en 911. La région prend le nom de* Normandie.

**La dynastie des Capétiens règne sur la France pendant neuf siècles.**

**Secrets de drakkars**

**❶ La coque est constituée de lattes qui se chevauchent améliorant l'écoulement de l'eau et donc la vitesse.**

**❷ Quand le vent n'est pas assez fort, des rameurs prennent place de chaque côté.**

**❸ Ces bateaux, transportant 40 à 70 guerriers, ont un fond plat, ce qui leur permet d'accoster partout.**

**❹ À l'avant, une proue amovible ornée d'une tête de monstre est destinée à effrayer l'ennemi.**

# L'essor des Capétiens

Les premiers rois capétiens n'ont pas beaucoup de pouvoir. Mais, petit à petit, ils vont s'affermir, étendre leur domaine et renforcer leur administration. Aussi, à la fin du XIIIe siècle, le roi de France est devenu le souverain le plus puissant d'Occident.

**De faibles rois...**
Les premiers rois capétiens ne vivent que du produit de leur domaine, et leur influence ne dépasse guère la Loire ! Le reste du royaume est contrôlé par des seigneurs parfois très puissants et qui défient l'autorité du roi. Mais pour assurer sa succession, Hugues Capet a fait couronner son fils de son vivant. Ses successeurs agiront de même jusqu'au XIIe siècle.

**Le sacre, un fameux atout !**
Si les seigneurs sont puissants, le roi possède un atout de taille. Par la cérémonie du sacre (lors de laquelle il reçoit l'épée, le sceptre, la main de justice et la couronne), il acquiert un prestige immense. Il devient protecteur de l'Église et du royaume, et lieutenant de Dieu sur terre. Il est au-dessus de tous et tous lui doivent obéissance.

La cérémonie du sacre rappelle le baptême de Clovis (à la fois baptême et sacre) par saint Remi.

**Un pouvoir grandissant**
Peu à peu, les Capétiens vont affirmer leur puissance. Louis VI le Gros est le premier « grand roi » capétien. Il réprimande durement les seigneurs insoumis. Son fils, Louis VII le Jeune, épouse Aliénor d'Aquitaine et met ainsi la main sur son immense domaine.

À la tête du duché d'Aquitaine, Aliénor est la plus jolie et la plus riche héritière d'Europe.

### Aliénor d'Aquitaine... quel caractère !

*Belle mais ambitieuse, Aliénor a 15 ans quand elle épouse Louis VII. Quand elle le quitte pour épouser Henri II, elle a 30 ans et son nouveau mari... 19 ! Bientôt, il lui préfère une autre femme. Pour se venger, Aliénor dresse ses fils contre leur père. Henri II la fait alors enfermer dans un couvent ! Elle n'en ressortira que seize années plus tard et ne mourra qu'à 82 ans !*

**987–996** Règne de Hugues Capet

**1108–1137** Règne de Louis VI le Gros

**1137–1180** Règne de Louis VII le Jeune

**Philippe II Auguste (1180-1223), un roi conquérant**
Mais les ennuis commencent… car Aliénor quitte son royal mari et épouse six semaines plus tard Henri Plantagenêt qui devient roi d'Angleterre! Désormais ce dernier possède les deux tiers de la France et constitue une véritable menace. Aussi, lorsqu'il devient roi de France en 1180, Philippe II Auguste décide de reconquérir ces territoires. Il est vainqueur des Anglais et de leurs alliés à Bouvines le 27 juillet 1214. Il fixe son gouvernement à Paris, capitale qu'il embellit et entreprend de rendre plus propre.

Grâce à ses conquêtes et à sa victoire sur les Anglais à Bouvines, Philippe II multiplie par quatre la surface du domaine royal.

On représente souvent Saint Louis rendant la justice sous un chêne à Vincennes, comme le raconte le célèbre historien Joinville.

**Louis IX (1226-1270), un roi très chrétien**
Ce roi très chrétien se soucie des malades et des pauvres. Il entreprend de réformer la justice afin que le droit de chacun soit respecté, ce qui lui vaut une grande popularité. Même si, lorsqu'il s'agit de religion, il est intraitable comme il le fut avec les cathares (des chrétiens qui rejetaient l'enseignement de l'Église). Sous son règne, le royaume connaît la prospérité et la Quarantaine du roi permet d'ouvrir des négociations afin de limiter les guerres privées trop fréquentes. Le roi envoie des enquêteurs dans tout le royaume pour dresser un état de la France et réprimer les abus des fonctionnaires. Il est canonisé (déclaré saint) vingt-sept ans après sa mort.

**Philippe IV le Bel (1285-1314), un roi « moderne »**
Sous son règne, la monarchie s'affirme. En 1314, il rassemble et consulte des représentants du clergé, de la noblesse et de la bourgeoisie (cela deviendra les états généraux). Mais le royaume grandit et le roi a besoin d'argent: il multiplie les impôts et confisque les biens des Juifs et des Templiers.

Moines-soldats immensément riches, les Templiers sont arrêtés en 1307.

1180–1223 Règne de Philippe II Auguste

1226–1270 Règne de Louis IX

1285–1314 Règne de Philippe IV le Bel

# Ceux qui travaillent

Les deux siècles d'insécurité précédant l'arrivée des Capétiens ont transformé la société. Elle se divise en trois groupes : ceux qui prient, ceux qui font la guerre et ceux qui travaillent. Au Moyen Âge, les paysans représentent près de neuf personnes sur dix.

**Les terres du seigneur**
La seigneurie est le domaine du seigneur. Elle comprend la réserve, partie qu'il garde pour lui. S'y trouvent des bois et des terres où des paysans effectuent des travaux agricoles et d'entretien appelés les corvées. L'autre partie est divisée en lots de terres, les tenures. Elles sont louées aux paysans contre le paiement d'un loyer, le cens.

**La toute-puissance du seigneur**
Sur son domaine, le seigneur commande, juge et punit (ce pouvoir s'appelle le ban). Il assure aussi la sécurité de la population, mais en échange exige des paysans différentes taxes comme la taille. Grâce à des « péages », le seigneur prélève un impôt (le tonlieu) sur les marchandises qui traversent ses terres ou qui y sont vendues.

**Des serfs et des vilains**
Parmi les paysans, on distingue les serfs et les vilains. Tels des esclaves, les serfs appartiennent au seigneur. Ils ne peuvent pas quitter la terre qu'ils cultivent, ni se marier ou hériter sans l'accord de leur maître. Mais ce dernier ne peut pas les chasser. Les vilains sont des hommes libres. Ils peuvent quitter le domaine et se marier à leur gré.

**UNE SEIGNEURIE**
Au Moyen Âge, la plupart des terres forment des seigneuries. Il existe cependant de rares parcelles de terres libres sans seigneurs : ce sont les alleux.

**La vie à la campagne**
Dans les villages, les maisons sont en torchis et ne comportent souvent qu'une ou deux pièces. La vie des paysans suit le rythme des saisons. Ils cultivent surtout des céréales (orge, seigle, froment), base de leur alimentation, ainsi que quelques plantes textiles (chanvre et lin). Le travail est épuisant d'autant plus que l'outillage est sommaire et la nourriture peu variée. Les rendements agricoles sont faibles et les récoltes tout juste suffisantes pour vivre. Un hiver glacial, une sécheresse, et la disette s'installe. Dans ces conditions, la vie est bien courte : l'espérance de vie moyenne est de 25 ans en 1300 !

**En juillet, c'est le temps de la moisson et la période la plus fatigante de l'année. Munis de faucilles, les paysans récoltent le blé mûr.**

## Travailleurs des villes

*Au XII^e siècle, les villes connaissent un formidable essor. C'est là que vivent les artisans. Ceux exerçant le même métier se regroupent dans un quartier et font partie d'une association professionnelle (la corporation) et d'une association religieuse (la confrérie). Chaque corporation est dirigée par des maîtres et dotée d'un sévère règlement qui les protège contre la concurrence.*

# Ceux qui combattent

Avec les invasions barbares et l'insécurité, beaucoup d'hommes libres se placent sous la protection d'hommes plus puissants : les seigneurs, dont ils deviennent les vassaux. Ces liens vont caractériser la société de l'Occident médiéval du IXe au XIIIe siècle.

**La féodalité, qu'est-ce que c'est ?**
La féodalité désigne l'organisation de la société basée sur ces relations qui lient des hommes libres. Par la cérémonie de l'hommage, le vassal s'engage à servir son seigneur. En échange, il reçoit un fief pour subvenir à ses besoins. Les seigneurs sont eux aussi vassaux de seigneurs plus puissants. Seul le roi est au-dessus de tous.

À genoux, le vassal va ensuite placer ses mains dans celles du seigneur (c'est l'hommage) avant de lui jurer fidélité et obéissance.

Au XIIe siècle apparaît la cotte de mailles. Une longue tunique, le surcot, est portée par-dessus.

**Des guerriers professionnels**
Au Moyen Âge, la guerre est surtout l'œuvre des chevaliers. Ces professionnels du combat reçoivent une formation particulière dès leur plus jeune âge. En cas de guerre, ils rejoignent le seigneur pour lui prêter main-forte.

**La noblesse**
Les chevaliers appartiennent à de riches familles à la tête de nombreuses terres. Ces hommes ont également en commun des valeurs de loyauté et de courage, qu'ils prouvent lors des tournois. Ceux qui combattent forment donc un ordre à part qui est héréditaire : la noblesse.

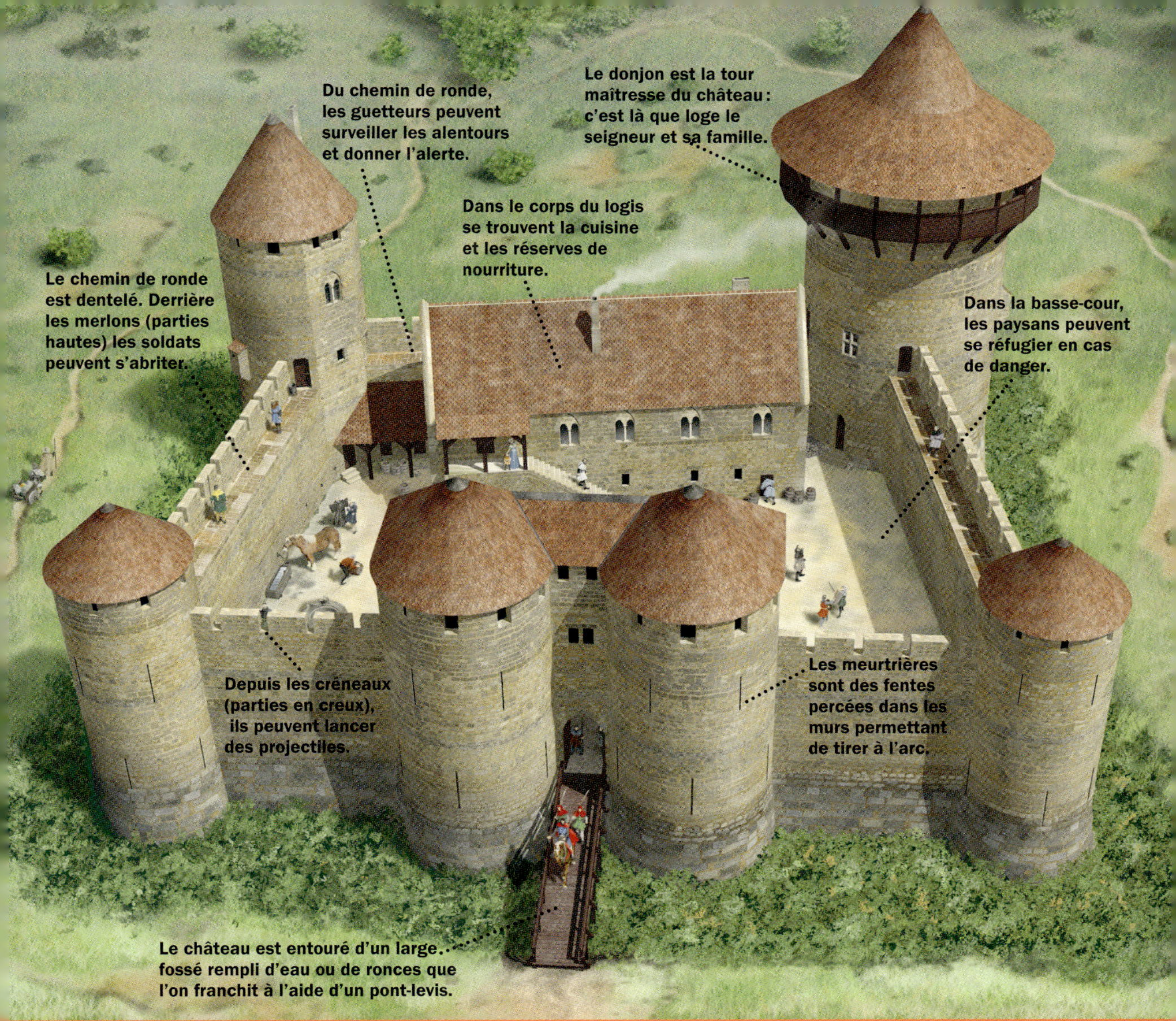


**Un château pour se défendre** Le château est bâti pour défendre les terres du seigneur et ceux qui y vivent.

**Le château, symbole de puissance**

Habitation du seigneur, le château fort est aussi un lieu de refuge pour les paysans en cas de danger. D'abord simple construction de bois, le château devient une véritable forteresse de pierre, flanquée de tours. Il faut alors l'assiéger pendant de longs mois pour s'en emparer. Une telle construction permet à son propriétaire d'affirmer son pouvoir et de montrer sa richesse.

Pour les chevaliers, les tournois permettent de montrer leur adresse. La « joute », combat à cheval, se tient sur un champ clos, la « lice ».

**Comment faire pour devenir chevalier ?**

❶ Il faut d'abord être fils de seigneur.

❷ Puis, vers 6 ans, être placé comme page chez un seigneur ami de son père.

❸ Ensuite, à 12 ans devenir écuyer. L'écuyer porte l'écu, l'armure, et s'occupe des chevaux.

❹ À 18 ans, enfin, on devient chevalier par la cérémonie de l'« adoubement ».

# À l'assaut de l'Orient

Entre le XIe et le XIIIe siècle, des expéditions militaires sont lancées pour reconquérir Jérusalem et les Lieux saints de Palestine passés sous domination musulmane. Ceux qui partent ont une croix cousue sur leurs vêtements d'où leur nom de «croisés».

**Entre 1095 et 1270, huit croisades se succèdent, emmenant vers l'Orient des centaines de milliers de chrétiens.**

**Partir, mais pourquoi ?**
Lorsque, en novembre 1095, le pape Urbain II lance son appel à la première croisade, c'est, dit-il, pour assurer la liberté des pèlerinages et délivrer Jérusalem. Mais ce n'est pas l'unique raison. Malgré les différences qui les opposent, le pape veut venir en aide à l'empereur byzantin et s'en faire un allié contre l'empereur germanique. De plus, la prospérité retrouvée, le renouveau des villes, l'essor du commerce donnent à l'Europe chrétienne le sentiment qu'elle est assez forte pour reprendre la Terre sainte aux musulmans.

**Maître de l'Égypte et de la Syrie, grand artisan de l'unité des musulmans, le sultan Saladin s'empare de Jérusalem le 2 octobre 1187.**

**Simples gens et grands seigneurs**
À l'appel du pape, beaucoup se mettent en route. Paysans ou artisans, tous espèrent obtenir le pardon de leurs péchés. Mal équipés, ils sont anéantis par les Turcs en 1096. De nombreux chevaliers partent de même. Guidés par leur foi mais aussi par l'appât du gain et l'esprit d'aventure, ils prennent Jérusalem en 1099 où ils massacrent la population.

**Les États latins d'Orient**
Un royaume latin de Jérusalem est créé ainsi que trois autres États latins. Des moines-soldats (comme les Templiers) y forment une armée permanente. Des relations commerciales très actives s'établissent entre ces États et les ports italiens (Gênes, Pise, puis Venise).

Des forteresses sont construites, comme ce krak des Chevaliers en Syrie.

Les États latins d'Orient

### L'échec des croisades

Dès le milieu du XIIe siècle, les États latins peinent à repousser les attaques des musulmans qui se mobilisent. Ils font alors appel aux chrétiens d'Europe qui organisent sept nouvelles croisades. Celles-ci sont presque toutes des échecs, et c'est au cours de la dernière que meurt Saint Louis (Louis IX) aux portes de Tunis. Les dernières places fortes chrétiennes en Orient ne devaient pas tenir longtemps. La prise de Saint-Jean-d'Acre en 1291 marque la fin des États latins.

### Une autre croisade... beaucoup plus près

*Au XIIe siècle, dans le midi de la France, se répand la doctrine des cathares (appelés aussi albigeois). Critiquant l'Église et le clergé, adeptes d'une vie très austère, ils sont déclarés hérétiques. En 1209, le pape organise contre eux une croisade. Menée par Simon de Montfort, elle est d'une rare violence. En 1244, les derniers cathares sont brûlés vifs à Montségur.*

### Quand le fossé se creuse entre Orient et Occident

Jusqu'alors, le monde musulman avait montré une grande tolérance vis-à-vis des chrétiens. Les croisades réveillent l'idée de guerre sainte. Désormais, l'islam va poursuivre son expansion. Cependant, au contact de la civilisation musulmane, les chrétiens étendent leurs connaissances. Et les multiples échanges avec l'Orient font la fortune des ports italiens de Venise et de Gênes.

Les musulmans prennent Constantinople en 1453. Rebaptisée Istanbul, la ville devient capitale de l'Empire ottoman.

# En route pour gagner son salut

La pratique du pèlerinage est très répandue au Moyen Âge. Simple visite à un sanctuaire local ou grand voyage vers Rome, Saint-Jacques-de-Compostelle ou Jérusalem, le pèlerinage est comme le chemin vers le ciel : la route, longue et dangereuse, aboutit au lieu sacré.

Le pèlerinage doit en principe se faire à pied, même si les plus riches voyagent à cheval.

**Se mettre en route**

L'on part en pèlerinage pour plusieurs raisons : pour accomplir un vœu, expier une faute grave, solliciter une faveur spéciale (comme la guérison d'un proche) ou être sûr d'aller au paradis. Les chemins de pèlerinage sont connus et jalonnés d'hospices qui offrent le gîte et le couvert. Mais c'est un voyage semé d'embûches et l'on voyage en groupe, parfois sous escorte armée.

**D'innombrables lieux de culte**

Il y a en France d'innombrables lieux de culte abritant des reliques de saint (on croit que les restes corporels des saints possèdent les mêmes pouvoirs que le saint lui-même) ou construits sur le tombeau d'un saint. Ces endroits sont très fréquentés et les fidèles viennent s'y recueillir. Les reliques sont placées dans un reliquaire exposé sous le chœur de l'église.

**Jérusalem, Ville sainte**

Malgré le voyage qui devient très périlleux après la chute des États latins, le pèlerinage qui mène à Jérusalem, et en particulier au tombeau du Christ, reste le plus prestigieux de tous. Il vaut la rémission de tous ses péchés à celui qui l'entreprend.

Le reliquaire de sainte Foy, à Conques, est couvert d'or et de pierres précieuses...

## Dur, dur d'être pèlerin !

*Ces longs voyages n'allaient pas sans fatigue ni danger ! Certains passages des Alpes ou des Pyrénées, et beaucoup de forêts, étaient infestés de brigands qui détroussaient sans vergogne les pèlerins. Sans compter le mauvais temps et les bêtes sauvages... Beaucoup de pèlerins prennent donc la sage précaution de faire leur testament avant de se mettre en chemin !*

Les routes de pèlerinage

**Tous les chemins mènent à Rome**

Rome est également une destination importante. On s'y recueille sur les innombrables reliques des premiers chrétiens et surtout sur les tombeaux de saint Pierre et de saint Paul. Le pèlerin est alors appelé « romée » ou« romieux ».

**Les routes de Saint-Jacques**

Saint-Jacques-de-Compostelle (Espagne) est un autre centre international de pèlerinage. Là, ce sont les reliques de l'apôtre saint Jacques qui sont vénérées. Pour permettre aux pèlerins (les « jacquots » ou « jacquets ») de traverser la France sans encombre, quatre grandes routes sont organisées avec des relais. Ces pèlerinages mettent sur la route un grand nombre de personnes où se mêlent toutes les classes de la société.

**Comment reconnaître un pèlerin ?**

❶ L'on reconnaît un pèlerin à sa vaste besace portée en bandoulière,

❷ à son grand chapeau qui, au retour, est garni de coquilles, ou de statuettes pieuses,

❸ à sa pèlerine (manteau sans manche couvrant la tête et les épaules) en cuir ou en laine,

❹ à son bâton recourbé, le « bourdon », pour s'appuyer et accessoirement se défendre...

Sur son chemin, le pèlerin a un statut particulier : il ne paie pas de « péage » (droit de passage).

À son arrivée, le pèlerin acquiert un insigne. Le plus connu est la coquille Saint-Jacques.

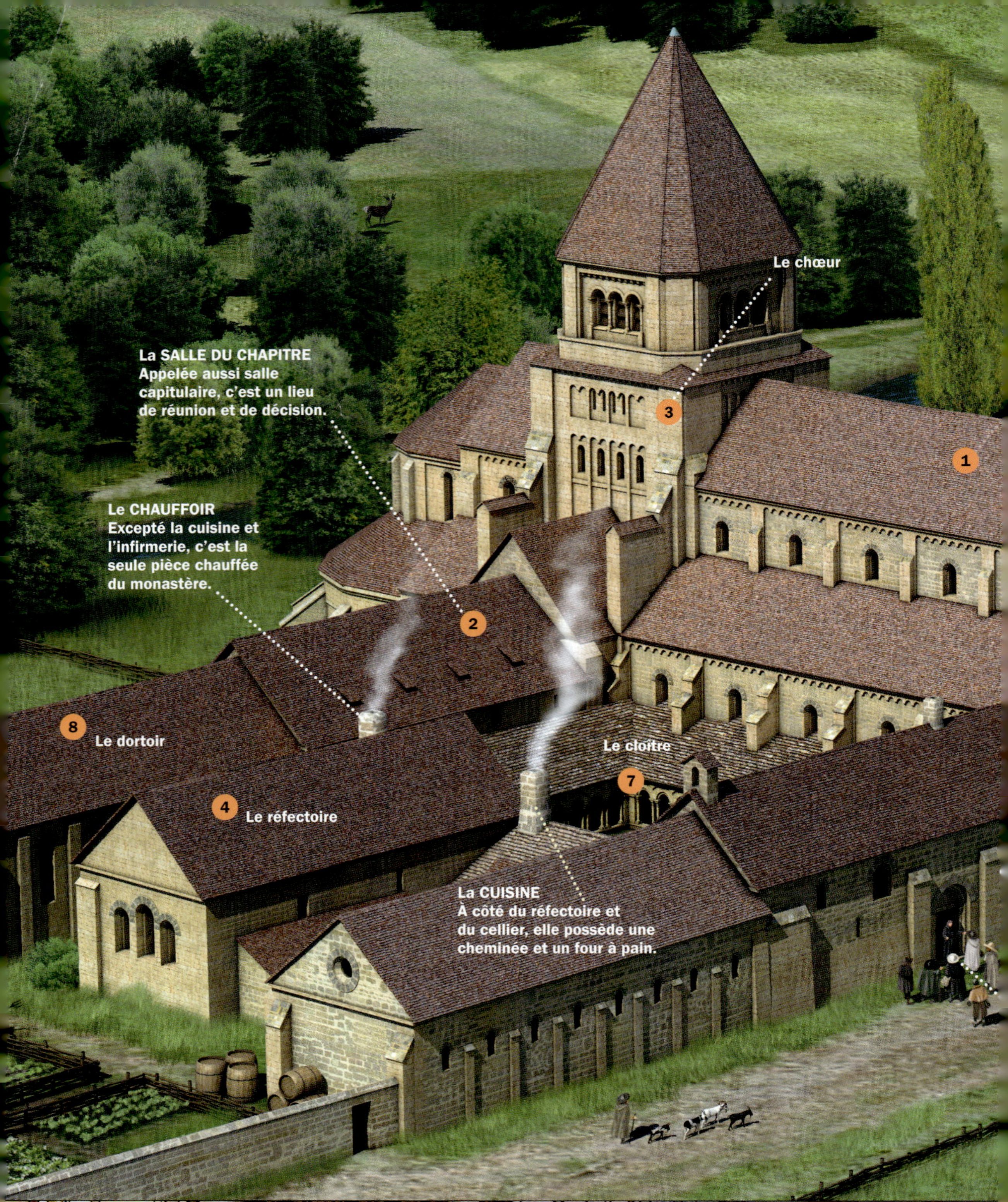

**Dans le chœur de l'église**

Il est 11 h 30. En plus des huit offices qui rythment la journée, les moines assistent à la messe, célébrée par l'abbé. Dans le chœur, où eux seuls ont le droit de pénétrer, ils chantent des psaumes debout dans des stalles en bois.

**Dans le réfectoire**

À midi, c'est l'heure du déjeuner. Il est composé de pain et de légumes, parfois agrémenté de poisson mais jamais de viande. Au réfectoire, les moines mangent sans parler, écoutant la lecture à haute voix d'un passage de la Bible.

**Dans l'église**

À l'abbaye, on se lève de bonne heure. Il est 2 heures du matin. Les moines ont quitté le dortoir et se retrouvent dans l'église pour assister au premier office du jour : les matines.

**Dans la salle du chapitre**

Il est 8 heures. Les moines sont réunis dans la salle du chapitre. Chaque jour, l'abbé y lit un chapitre de la règle et le commente. Puis les moines discutent des tâches à accomplir à l'abbaye ce jour-là et se répartissent le travail.

# Dans le silence d'une abbaye

À partir du v^e siècle, des moines fondent de nombreuses abbayes dans lesquelles ils se retirent. Lieux de prière et de culture, foyers de la vie intellectuelle, les abbayes rayonnent dans toute l'Europe, particulièrement aux xi^e et xii^e siècles.

Les moines vivent isolés du monde, partageant leur temps entre la prière et le travail.

## Rôle d'un monastère au Moyen Âge

*Le rôle des abbayes est considérable. En plus de leur rayonnement spirituel, les moines défrichent et cultivent des terres. En accueillant pèlerins et voyageurs, ils facilitent les échanges. En recopiant les écrits de l'Antiquité, ils contribuent à les sauver. C'est dans les monastères que s'ouvrent les premières écoles.*

**Dans le cloître**

**19 heures. Les moines sont dans le cloître. C'est la partie centrale de l'abbaye autour de laquelle s'organisent les autres bâtiments. Dans cet espace formé par quatre galeries entourant un jardin, les moines prient et se promènent.**

**Dans le dortoir**

**Vers 20 heures, les moines montent au dortoir qui n'est pas chauffé. Ils se couchent habillés sous une couverture de laine afin d'avoir plus chaud et être vite prêts pour les matines.**

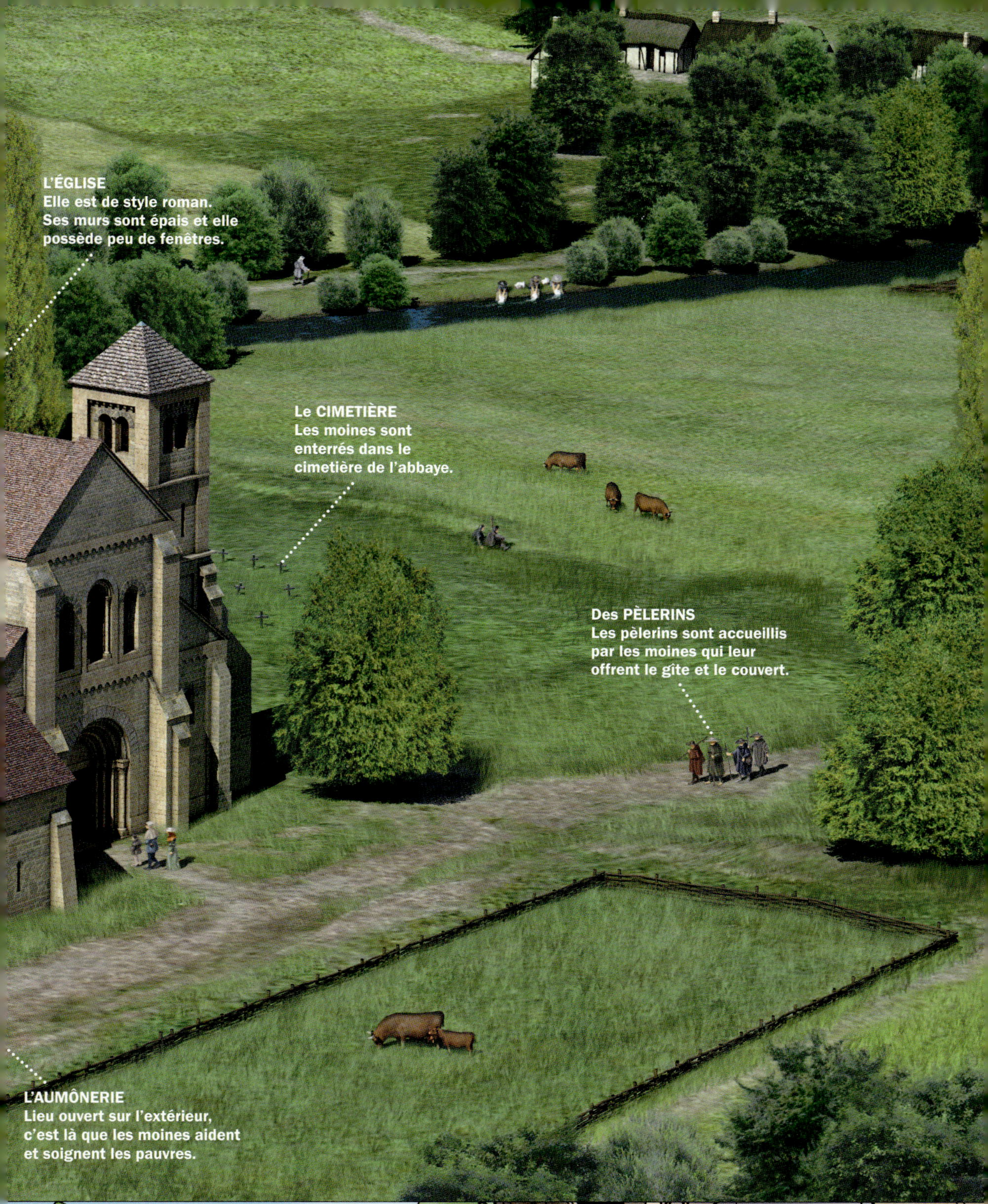

**Dans le potager**

15 heures. Le travail reprend. C'est un élément essentiel de la vie des moines. Il rythme leur journée, leur évite l'ennui et leur permet de produire ce dont ils ont besoin pour vivre. Ainsi, ils cultivent la terre et élèvent du bétail.

**Dans la laiterie**

16 h 30. C'est dans la laiterie que les moines fabriquent des fromages avec le lait des vaches ou des brebis qu'ils élèvent sur les terres de l'abbaye. Ces fromages seront ensuite vendus sur les marchés des alentours.

# Des enfants au Moyen Âge

Au Moyen Âge, les enfants sont considérés comme des adultes en miniature. Leur vie est différente selon l'endroit où ils vivent. Mais, à cause des mauvaises conditions d'hygiène, des épidémies, des famines et des guerres, un enfant sur trois meurt avant d'avoir 5 ans.

**« Tard couché et tôt levé »**
À la campagne, la besogne ne manque pas. Même les plus petits sont sollicités. Dès 8 ans, les garçons aident au labour et gardent les troupeaux, mais les accidents sont nombreux. Les filles s'occupent des tâches ménagères.

**Enfants des villes**
Dans les villes, les enfants sont confrontés à plus de dangers. Mais ils sont quand même privilégiés : la plupart vont à l'école. Très tôt, ils aident à l'atelier ou à la boutique et, le plus souvent, ils apprennent le métier de leur père.

**À l'école**
Au Moyen Âge, seule l'Église possède des écoles. Celles-ci se trouvent dans les monastères et, à partir du XIe siècle, dans les villes. Ce sont les « petites écoles ». On y apprend la lecture, le calcul et parfois l'écriture.

## Jeux et jouets

*Les jouets ne manquent pas mais diffèrent selon le milieu social. Aux enfants de l'aristocratie, les soldats de plomb, la dînette d'étain ou les poupées bien habillées. Aux pauvres, les poupées de chiffon, les noix en guise de billes, les pots en terre pour jouer au ballon ou les balais transformés en chevaux.*

**Un enfant donné à Dieu**
Certains enfants, nommés les « oblats », sont offerts à l'Église. Vers 7 ans, ils sont conduits au monastère où ils sont élevés suivant le rythme de vie et la règle des moines. Cette tradition est supprimée au XVIe siècle.

**Une enfance dorée**
Seuls les bébés des familles aisées ont un berceau. Plus grands, les jeunes princes apprennent la lecture, l'écriture, le calcul et les langues étrangères. Mais aussi la musique, le jeu d'échecs et les « bonnes manières ».

**Pour un bébé en bonne santé**

**❶ Il est recommandé de le recouvrir régulièrement de pommade.**

**❷ Le bébé est ensuite bien enveloppé dans des bandages.**

**❸ On prend soin de le garder loin de la trop forte lumière et des températures extrêmes.**

**❹ Il est nourri au lait maternel. Sinon on lui choisit une nourrice en bonne santé mais aussi intelligente et jolie !**

**❺ Pour stimuler son appétit, on lui enduit la bouche de miel.**

# Les foires : le rendez-vous des marchands

Les marchands itinérants (appelés aussi les « pieds poudreux ») ont besoin de se retrouver régulièrement pour vendre et acheter de grosses quantités. Les foires permettent de répondre à cette demande. Elles sont les grands foyers du commerce international.

La foire du Lendit se tenait en juin à Saint-Denis. On y vendait, entre autres, le parchemin pour les universités.

Certaines rues de Troyes sont restées comme au temps des foires.

**Carrefours commerciaux**

Tout naturellement, les foires se tiennent dans des villes qui sont situées le long des axes commerciaux, à l'endroit où se croisent les routes allant de l'Italie aux Pays-Bas et celles allant des villes germaniques à l'Île-de-France. Les foires ont souvent lieu lors d'une fête religieuse. La plus ancienne de ces foires est celle de Saint-Denis mise en place vers l'an 629.

**Les foires de Champagne**

Les plus importantes sont celles de Troyes, Provins, Lagny et Bar-sur-Aube. Les comtes de Champagne font tout pour attirer les marchands : ils améliorent le réseau routier et garantissent leur sécurité, mais prélèvent aussi des taxes sur le passage des marchandises. Les foires se succèdent presque toute l'année et assurent à la région une activité économique exceptionnelle.

**Au carrefour des routes reliant les ports d'Europe du Nord à ceux de la Méditerranée, la Champagne est un centre de commerce international.**

**C'est la foire !**
Une foire dure près d'un mois et demi : la montre des produits (8 jours), la vente (30 jours) puis les paiements (10 jours). Les marchands sont logés par nationalités dans des quartiers séparés. Les Anglais vendent de la laine, les Flamands des draps et des toiles, les Italiens des soieries, des épices et des produits de luxe venus d'Orient. Les marchands du Midi proposent des cuirs et les Allemands des fourrures. Deux tribunaux traitent les conflits entre négociants, nombreux dans un monde où la monnaie, les poids et les mesures varient d'une région à l'autre !

**Guildes et hanses**
Pour défendre leurs intérêts, les marchands d'une ville se regroupent en guildes. Aux Xe et XIe siècles, elles sont nombreuses dans le nord de la France. Elles réglementent les échanges et assurent la sécurité des marchands. Les hanses regroupent des guildes s'étendant parfois à toute une région.

**Des paiements « sécurisés »**
Au XIIIe siècle, les moyens de paiement s'améliorent. Des pièces d'or sont fondues, les banquiers juifs et italiens développent les prêts à intérêts et utilisent la lettre de change (ordre donné par une personne, le « tireur », à une autre personne, le « tiré », de payer, à date convenue, une somme à une troisième personne, le « bénéficiaire »). Ceci limite les paiements en espèces et évite aux marchands de circuler avec de la monnaie.

**Compter son argent : quel casse-tête !**

*Au Moyen Âge, les grosses sommes se comptent en livres. Mais la livre est une monnaie de compte (il n'y a pas de pièces). 1 livre = 20 sols et 1 sol = 12 deniers. Il faut donc 240 deniers pour faire 1 livre. Mais la livre tournois (utilisée à Tours) n'est pas la même que la livre parisis (utilisée à Paris) : il faut 15 livres parisis pour faire 12 livres tournois !*

**Petit à petit, le monde change. Dans les villes, les bourgeois fortunés qui tiennent les rênes de l'économie s'enrichissent.**

# Des cathédrales de lumière

Au XIIe siècle, un art nouveau apparaît dans les villes d'Île-de-France. De nouvelles techniques d'architecture permettent d'augmenter la hauteur des églises et d'y percer de larges fenêtres. Dans ces immenses cathédrales, la lumière triomphe.

**La croisée d'ogive précède de beaucoup le gothique, comme à Cluny (xe siècle).**

**Sur le chantier d'une cathédrale travaillent des artisans très qualifiés.**

**La cathédrale d'Albi est un chef-d'œuvre de l'art gothique. Avec ses fenêtres comme des meurtrières, elle se dresse telle une véritable forteresse.**

**C'est en Île-de-France que tout commence. La basilique de Saint-Denis (à g.) est la première église gothique achevée. C'est aussi à Notre-Dame de Paris (à d.) que, pour la première fois, la voûte est soutenue par des contreforts.**

Datant du XIIIe siècle et très bien conservés, les vitraux de la cathédrale de Chartres sont uniques au monde.

Les murs sur lesquels pèse la voûte sont consolidés par des arcs-boutants appuyés sur des contreforts.

Son édification commença après vingt ans d'affrontements sanglants entre l'Église et les cathares. C'est la plus grande cathédrale de brique au monde.

À Reims, les statues, très réalistes, semblent en vie, comme cet *Ange au sourire*.

À Vézelay, la nef romane mène au chœur gothique tout blanc et inondé de lumière.

À partir du XIIIe siècle, l'ornementation se développe sur les façades et s'enrichit à l'intérieur.

La cathédrale de Beauvais possède les voûtes gothiques les plus hautes du monde (47 mètres).

# Cent ans de guerre

De 1337 à 1453, un conflit oppose la France à l'Angleterre. Cette « guerre de Cent Ans » n'est pas continuelle : les batailles sont entrecoupées de longues trêves. Si elle a provoqué d'importantes destructions, elle a fait naître un premier sentiment d'unité nationale.

Très ambitieux, Edouard III se proclame roi de France en 1337.

**Qui sera roi de France ?**
En 1328, Charles IV le Bel, roi de France, meurt sans héritier. Le trône revient à son cousin germain : Philippe de Valois. Mais la sœur de Charles IV décide de ne pas se laisser faire. Elle réclame le trône pour son fils qui n'est autre que… Edouard III, roi d'Angleterre ! Peut-on laisser le trône de France à un Anglais ? Jamais ! C'est à cause de cette dispute qu'éclate la guerre de Cent Ans quand, en 1337, Edouard III, qui prétend être le roi de France légitime, décide de faire valoir ses droits…

**Ça commence plutôt mal…**
La guerre commence mal pour les Français qui accumulent les défaites. Face aux chevaliers français, les Anglais sont mieux organisés et surtout disposent du tir précis de leurs archers. La flotte est écrasée par les Anglais, et l'armée française subit une sévère défaite à Crécy en 1346. Philippe VI meurt en 1350. Son fils Jean II le Bon lui succède. Il est fait prisonnier par les Anglais en 1356 et emmené en Angleterre. C'est le chaos dans le royaume de France, décimé par la peste, les famines et les révoltes.

À Crécy, sous les flèches des Anglais, le combat s'engage mal. Dans la mêlée, 1 500 chevaliers français sont tués.

**1328–1350 : règne de Philippe VI de Valois** | **1350–1364 : règne de Jean II le Bon** | **1364–1380 : Charles V le Sage**

- **1337** Début de la guerre de Cent Ans.
- **1346** L'armée française est battue à Crécy.
- **1347** Calais est aux mains des Anglais.
- **1355** Reprise de la guerre.
- **1356** Le roi est fait prisonnier à Poitiers.
- **1360** Le traité de Brétigny donne presque la moitié de la France aux Anglais.
- **1370** Du Guesclin est nommé connétable.

Du Guesclin tend des embuscades aux troupes anglaises isolées.

**Attention, voilà Du Guesclin !**
Charles V succède à Jean le Bon en 1364. Il améliore les finances du royaume et crée un impôt sur le sel, la « gabelle ». À la tête des armées royales, Bertrand Du Guesclin, remporte des victoires sur les Anglais.
Ce chevalier breton, laid et illettré mais rusé et courageux, leur mène une lutte sans merci. Lorsque Charles V meurt en 1380, les Français ont reconquis de nombreux territoires. L'Angleterre ne possède plus que Calais et une étroite bande de terre entre Bordeaux et Bayonne. Mais le royaume est en ruine.

**Un roi fou donne la France aux Anglais**
Après douze ans de règne, Charles VI devient fou. De puissants seigneurs se disputent le pouvoir. Le pays sombre dans la guerre civile. Appelés par le duc de Bourgogne, les Anglais écrasent les Français à Azincourt en 1415. Le roi, dans sa folie, signe le traité de Troyes qui donne la France aux Anglais, déshéritant son fils !

**Attention, voilà Jeanne d'Arc !**
Le royaume est morcelé. Le Nord et l'Ouest sont sous contrôle anglais. Au nord-est, le duc de Bourgogne agit en souverain indépendant et le roi de France légitime, Charles VII, « le Petit Roi », n'est reconnu qu'au sud. Une jeune Lorraine, Jeanne d'Arc, sûre d'avoir une mission divine, réussit à convaincre Charles VII de lui confier une armée. Après avoir libéré Orléans, elle le fait sacrer à Reims. Capturée par les Bourguignons, puis livrée aux Anglais, elle est brûlée vive à Rouen le 31 mai 1431. Charles VII met fin à la guerre civile. Les Anglais sont chassés et la guerre s'achève en 1453.

L'action de Jeanne d'Arc a permis aux Français de reprendre confiance.

**1380-1422 : Charles VI le Fou** — **1422-1461 : Charles VII le Victorieux**

- **1415** Défaite de la chevalerie française à Azincourt.
- **1417** Les Anglais ont repris la Normandie.
- **1418** Paris est aux mains des Bourguignons.
- **1420** Le trône de France est donné au roi d'Angleterre.
- **1429** Jeanne d'Arc délivre Orléans. Sacre de Charles VII.
- **1431** Jeanne est brûlée à Rouen.
- **1453** Victoire de Castillon. Fin de la guerre de Cent Ans.

# Quand la mort arrive...

Seigneurs, bourgeois ou paysans, nul ne résiste à la peste que des navires introduisent dans les ports méditerranéens en 1347. En deux ans, la maladie décime près d'un tiers de la population, affaiblie par la guerre et les famines. Soit près de 6 millions d'habitants !

**C'est par les rats que tout arrive**

Le bacille de la peste est transporté par une puce vivant sur les rats. La maladie apparaît en 1345 en Asie centrale et sur les bords de la mer Noire d'où partent des navires génois qui accostent ensuite à Marseille. Leurs cales sont remplies de rats infestés de puces. En deux ans, la peste va envahir toute l'Europe de l'Ouest et remonter jusqu'en Scandinavie.

De nombreuses danses macabres décorent des églises en France. Les vivants y sont représentés côtoyant squelettes ou cadavres.

Devant l'incapacité des médecins à guérir le mal, les hommes se tournent vers la religion.

**L'horrible diagnostic**

Chez l'homme contaminé, des grosseurs apparaissent (les bubons) le plus souvent au cou, à l'aine ou sous les aisselles. C'est la peste bubonique. Les bubons noircissent (d'où l'autre nom de « peste noire »), et la mort survient dans les jours qui suivent. Cette peste est doublée d'une autre forme : la peste pulmonaire. Hautement contagieuse, elle se transmet d'homme à homme et atteint l'appareil respiratoire. Foudroyante et redoutable, elle tue en quelques heures !

**Nul n'est épargné**

Toutes les couches sociales sont atteintes. Dans les villes où l'épidémie se propage à une vitesse inouïe, les habitants se barricadent. Des charrettes transportent les cadavres que l'on enterre dans des fosses où ils sont recouverts de chaux vive. L'activité économique ralentit. À la campagne, les terres ne sont plus cultivées et retournent à la friche. Ce qui provoque une terrible famine en 1349. Des chroniqueurs racontent alors que les loups viennent jusque dans les villages...

**Petites précautions contre grand fléau**

Pour ne pas contracter le mal, il est conseillé de : brûler du choux et des pelures de coing.

Porter des amulettes remplies de mercure ou de poudre « de corne de licorne ».

Pour les plus riches, porter des pierres précieuses, le diamant étant la plus efficace.

La mort rôde et les hommes se préoccupent du salut de leur âme. Ils redoutent d'aller en enfer et d'y connaître des souffrances éternelles.

**Danses macabres**
Cette terrible épidémie change profondément les mentalités. La mort est partout, elle hante les esprits. Personne n'est assuré d'être encore en vie le lendemain. Le « mal noir » bouleverse les représentations religieuses et artistiques. On voit apparaître dans la musique, les livres, la peinture ou la sculpture le thème de la mort. Elle est souvent représentée comme un squelette armé d'une faux ou entraînant vers leur tombeau seigneurs, clercs ou paysans dans une macabre farandole. Le message est clair : nul ne peut échapper à la mort, quelle que soit sa place dans la société…

**À quel saint se vouer ?**
Pour les hommes du Moyen Âge, tous ces malheurs sont une punition divine et même un signe annonçant la fin du monde. Durant l'été 1349, dans le nord et l'est de la France, apparaissent les flagellants. Pour tenter d'apaiser la colère du ciel, ces pénitents s'imposent des châtiments et se frappent le torse nu avec des fouets. Les chrétiens s'adressent à la Vierge qu'ils représentent protégeant les hommes sous son vaste manteau. On se tourne aussi vers des saints « spécialisés » comme saint Sébastien, protecteur contre les épidémies.

## À qui la faute ?

*L'imagination populaire voit dans les diables et autres monstres les principaux coupables. Pour d'autres, tous ces malheurs sont de la faute des Juifs et des Bohémiens accusés de contaminer les puits. Dans des villes, comme à Strasbourg en 1349, ils sont envoyés au bûcher. Enfin, l'on s'en prend aussi aux fossoyeurs, accusés de piller les cadavres et de propager l'épidémie.*

Des processions de flagellants sont organisées dans tout le pays. Mais le pape condamne ces excès et les interdit en 1349.

Dans les chaumières, brûler des plantes aromatiques ou de l'encens.

Prendre de la thériaque (mélange secret de 60 ingrédients censé guérir tous les maux).

Et il est aussi recommandé de fuir les marais, les lacs et les cimetières !

# Une société transformée

Peste, guerres, famines : en ces XIVe et XVe siècles, ces fléaux ont profondément bouleversé la société. Les campagnes sont dépeuplées, les grands seigneurs sont affaiblis, la bourgeoisie des villes a pris une place importante et l'Église est divisée.

À la fin du Moyen Âge, grâce à Louis XI, le domaine royal couvre l'essentiel du royaume.

### En route vers la France moderne

La guerre de Cent Ans terminée, Charles VII entreprend la rénovation de son royaume. Son fils Louis XI, qui lui succède en 1461, poursuit son action. Ce roi simple est avide de comprendre son temps. Il met tout en œuvre pour unifier l'administration, désirant que, partout dans son royaume, on use « d'une coutume, d'un poids et d'une mesure ». Pour cela, il s'entoure de conseillers issus de la bourgeoisie, il améliore les routes, crée les premières postes et encourage l'imprimerie.

### La fin des grands seigneurs

Louis XI est aussi fin politicien et il veut exercer seul le pouvoir. Pour lutter contre les seigneurs turbulents, il s'appuie sur la bourgeoisie des villes. Les nobles, mécontents, se soulèvent en 1465. Parmi eux le puissant Charles le Téméraire, duc de Bourgogne. Mais ce dernier meurt en 1477 et Louis XI annexe le riche duché. Le domaine royal s'agrandit avec l'Anjou, le Maine et la Provence en 1481. Dix ans après, Charles VIII, son fils, épouse Anne de Bretagne, ralliant la Bretagne à la France.

### Il faut compter sur les bourgeois

Les villes et le commerce ont pris une importance grandissante, et bourgeois et commerçants occupent une place incontournable dans la société. Ces grands négociants prennent conscience de leur puissance. Lors de la révolution parisienne menée par Étienne Marcel en 1358, ils tentent même de mettre la main sur le pouvoir royal. Désormais, il faut compter avec eux, présents dans les états généraux, dans l'administration et faisant parfois partie de l'entourage proche du roi, comme le marchand et financier Jacques Cœur, au service de Charles VII.

Le roi Louis XI va augmenter les privilèges des bourgeois et leur ouvrir également les portes de l'administration.

Le palais des papes témoigne de la magnificence et du luxe dans lesquels vivaient les papes à Avignon (appelés aussi « antipapes »).

**L'Église est remise en question**

À la fin du Moyen Âge, au cours de ces deux siècles de guerres, de famines et de peste, les hommes découvrent que l'Église est souvent incapable de répondre à leurs angoisses. De plus, celle-ci est divisée. En effet, depuis 1378, un pape est élu à Rome, et un autre, choisi par les Français, réside à Avignon. Cette situation perdure jusqu'en 1417. C'est le « Grand Schisme d'Occident » qui menace l'unité de l'Église et affaiblit durablement l'autorité du pape. Dans plusieurs États, des souverains ont soumis le clergé à leur autorité et nomment eux-mêmes les évêques. Le mécontentement grandit et des voix s'élèvent, souhaitant un changement profond dans l'Église.

**Deux découvertes primordiales**

Vers 1450, tandis que l'industrie du papier se développe, un orfèvre de Mayence nommé Gutenberg met au point des caractères mobiles de métal réutilisables à volonté. À l'aide d'une presse, la feuille de papier est appuyée sur ces caractères enduits d'encre et le texte est ainsi reporté sur le papier : l'imprimerie est née. Rapidement, cette nouvelle technique gagne toute l'Europe. Quatre décennies plus tard, Christophe Colomb, un navigateur italien au service des rois espagnols, tente de parvenir en Asie en passant par l'ouest. En 1492, il découvre l'Amérique, persuadé d'avoir atteint les Indes. Le monde connu des Européens s'agrandit brusquement.

**Paris, une capitale**

*À partir de Philippe Auguste, les rois résident à Paris dans leur palais de l'île de la Cité. Centre politique, économique et culturel, c'est la plus grande ville d'Occident. On estime sa population à 200 000 habitants vers 1328. Mais la cité est favorable aux Anglais pendant la guerre de Cent Ans, et Charles V et Louis XI lui préfèrent le Val de Loire.*

En 1456, Gutenberg achève l'impression d'une Bible en trente exemplaires.

# Mille ans de chefs-d'œuvre

Des chapelles romanes aux immenses cathédrales, des enluminures aux vitraux en passant par la sculpture, l'art du Moyen Âge est essentiellement religieux. Mais il présente une richesse inouïe et une grande diversité, et témoigne ainsi de mille ans d'histoire.

**L'art carolingien**
Après les invasions barbares, la production artistique redémarre. Cloîtres, chapelles et cathédrales sont édifiés dans tout l'Empire carolingien. Le nombre de livres enluminés s'accroît avec l'apparition de la minuscule caroline. On fabrique de nombreux objets en or ou sculptés dans l'ivoire : croix, bijoux, reliures.

Ce psautier carolingien possède une exceptionnelle reliure d'ivoire.

**Comme des flèches vers le ciel**
Au XIIIe siècle, on assiste à un renouveau intellectuel et artistique qui se traduit aussi dans l'architecture. La croisée d'ogives ainsi que les arcs-boutants en sont les principales caractéristiques. Ils permettent d'élever des cathédrales à des hauteurs jamais atteintes. C'est l'« art gothique ». Le vitrail devient un art majeur.

Les nombreux décors des églises romanes s'inspirent de la Bible et de la vie quotidienne.

**Comme des basiliques romaines**
De la fin du Xe siècle au milieu du XIIe, l'Occident se couvre d'un « blanc manteau d'églises ». Ce sont alors les principales réalisations artistiques. Elles sont d'un style nouveau qui emprunte des éléments aux Romains. C'est l'« art roman ». Les voûtes sont en forme de demi-cercle. Très lourdes, elles nécessitent des murs épais et peu élevés.

### Le *Roman de Renart*

*Ce livre est formé de plusieurs récits, écrits entre 1170 et 1250. On y raconte les aventures du rusé Renart et des animaux qui l'entourent. Bien sûr, ces derniers ont des habitudes humaines et, à travers eux, les auteurs ridiculisent des aspects de la société médiévale. C'est en ville que le* Roman de Renart *et le genre littéraire des fabliaux trouvent leur public.*

Dans les églises gothiques, le décor est foisonnant. Les sculptures, très réalistes, sont en pierre mais aussi en ivoire ou en bois.

*Les Très Riches Heures* du duc de Berry est unique par la richesse, la diversité ainsi que l'abondance de ses illustrations.

*Que sont mes amis devenus*
*Que j'avais de si près tenus*
*Et tant aimés*
*Ils ont été trop clairsemés*
*Je crois le vent les a ôtés*
*L'amour est morte*

**Extrait de la complainte de Rutebeuf (v. 1230-1285)**

**Embellir le texte**

Dès le IXe siècle, les manuscrits se parent d'enluminures. Réalisés à la plume et à la peinture, parfois avec une feuille d'or, ces dessins ornent les lettres initiales, mais aussi dans les marges ou les pleines pages. À partir du XIIIe siècle, les manuscrits enluminés deviennent de véritables objets de luxe. Des « marges à drôleries » apparaissent : des animaux étranges et des personnages aux postures étonnantes y sont représentés sans rapport avec le texte.

**Décorer les murs**

L'art de la tapisserie se développe au XIVe siècle. Objets de luxe nécessitant des heures de travail, les tapisseries sont le privilège des plus fortunés. Décoratives, en laine ou en soie, agrémentées de fil d'or ou d'argent, elles sont aussi très efficaces pour protéger des courants d'air dans les châteaux ou les abbayes, et permettent à leur propriétaire d'affirmer sa richesse. Le célèbre ensemble des tapisseries de la *Dame à la licorne* a été réalisé en Flandre entre 1480 et 1500.

Les tapisseries de la *Dame à la licorne* sont appelées tapisseries « mille fleurs » en raison des multiples fleurs qui en parsèment le fond.

# Les p'tits plus

**CHRISTINE DE PISAN**
Née vers 1365, elle est mariée à un secrétaire du roi Charles VI. La mort de son mari en 1389 l'oblige à chercher des ressources pour nourrir ses enfants. Elle écrit alors des poèmes, puis des écrits plus sérieux, notamment sur la condition des femmes.

**LES TOURNOIS**

Jeux guerriers simulant des combats où s'affrontent des chevaliers.

**LES ORDRES MENDIANTS**

Au XIIIe siècle apparaissent les franciscains et les dominicains, des moines qui refusent la richesse et ne vivent que de l'aumône. On les nomme les « ordres mendiants ».

**EXTRAVAGANCES**
Charles VI est un roi souvent pris d'accès de folie et la guerre civile ruine le royaume. Mais les plus aisés s'habillent de manière très extravagante : les hommes mettent des clochettes à leurs habits et portent des chaussures longues et pointues, les « poulaines ». Les femmes, quant à elles, se coiffent de cornes immenses.

**LE PRINCE NOIR**
Fils du roi d'Angleterre, il est appelé ainsi à cause de la couleur de son armure. En 1355, il pille le Languedoc, puis capture le roi Jean II le Bon.

**LES UNIVERSITÉS**
Au XIIIe siècle, dans de grandes villes, des maîtres et des étudiants se regroupent en associations. Ce sont les premières universités.

**LA CHANSON DE ROLAND**
Première œuvre de la littérature française, *La chanson de Roland* a été écrite vers 1100. En 4 000 vers, elle immortalise la bravoure et la mort du neveu de Charlemagne pris dans une embuscade à Roncevaux, dans les Pyrénées.

**AGNÈS SOREL**

Maîtresse de Charles VII, c'est la première favorite officielle d'un roi. La « Dame de Beauté » lance la mode à la cour. Elle invente le décolleté et porte des robes avec des traînes de huit mètres de long !

**LE VASE DE SOISSONS**

Après le pillage de Soissons, lors du partage du butin, Clovis se réserve un très beau vase ; un soldat, jaloux, le brise. Pour se venger, Clovis lui fend le crâne un an plus tard.

**VILLES NOUVELLES**

Au début du XIIe siècle, les villes connaissent un formidable essor. Certaines, comme Caen, sont créées de toutes pièces. Dans le Midi, des bastides au plan régulier et symétrique sont également édifiées.

## TROUVÈRES ET TROUBADOURS

Petite-fille d'un troubadour, Aliénor d'Aquitaine va introduire en France la culture de ces poètes musiciens qui vont de château en château chantant leurs poèmes. On dit « troubadours » dans le sud de la France et « trouvères » dans le nord.

## LA TRÊVE DE DIEU

Au xe siècle, contre les guerres entre les seigneurs, l'Église impose la Paix de Dieu pour protéger ceux qui sont sans défense. Elle est complétée par la Trêve de Dieu interdisant les combats du jeudi au dimanche, les jours fériés et pendant l'avent et le carême.

## HOSPICES DE BEAUNE

En Bourgogne, Nicolas Rolin et sa femme créent en 1443 un hôpital pour les pauvres. Il peut accueillir soixante malades.

## ANNE DE BRETAGNE

Elle épouse Charles VIII en 1491, donnant ainsi la Bretagne à la France. Après la mort de ce dernier, elle épouse son successeur Louis XII. Anne a donc été deux fois sacrée reine de France.

## LA SAINTE-CHAPELLE

En 1239, Louis IX achète la couronne d'épines du Christ. Pour abriter cette relique, il fait construire la Sainte-Chapelle, sur l'île de la Cité, à Paris.

## LE MONT SAINT-MICHEL

En 966, Richard Ier, duc de Normandie, y élève une abbaye bénédictine qui devient bientôt un important lieu de pèlerinage. Véritable petite cité fortifiée, elle résiste aux Anglais pendant la guerre de Cent Ans.

## HÉLOÏSE ET ABÉLARD

Sous le règne de Louis VI, la passion entre Abélard, grand philosophe et théologien, et Héloïse, son élève, fait scandale. Alors qu'ils sont secrètement mariés, ils doivent se séparer et finir leur vie au couvent !

## SAINT-DENIS, ABBAYE DES ROIS

La basilique de Saint-Denis est le lieu de sépulture des rois de France. C'est là que sont conservés les objets du sacre. Dagobert Ier fut le premier à y être inhumé.

## LA TAPISSERIE DE BAYEUX

Témoignage unique au monde, et chef-d'œuvre de l'art roman, cette broderie longue de 70 mètres raconte la conquête de l'Angleterre par Guillaume le Conquérant et la bataille de Hastings en 1066.

# L'époque moderne

# Et le monde s'élargit…

À partir de 1450 et jusqu'à la fin du XVIe siècle, l'Europe et le monde connaissent de profonds bouleversements. Le Moyen Âge laisse place à la Renaissance. L'homme prend une place nouvelle au centre de ce monde élargi par la découverte de terres jusqu'alors inconnues.

Construites à partir de 1440, très maniables et d'une grande stabilité, les caravelles sont les principaux navires à partir découvrir le monde.

***Terra incognita***

La nécessité d'ouvrir des voies commerciales vers l'Orient (les voies terrestres sont contrôlées par les Turcs) et les progrès de la navigation favorisent les expéditions maritimes. Très vite, le monde connu des Européens s'élargit. Après la découverte de l'Amérique par Colomb en 1492, Vasco de Gama parvient aux Indes en contournant l'Afrique. En 1519, Magellan entame le premier tour du monde. En 1534, Jacques Cartier parvient au Canada.

**L'Europe transformée**

Grâce à ces découvertes, l'Europe s'ouvre à des civilisations insoupçonnées, des aliments nouveaux (tomate, cacao). Des compagnies de commerce sont créées, l'or et l'argent d'Amérique affluent et les activités financières se multiplient.

**« L'homme mesure de toute chose »**

À la fin du XVe siècle, des érudits affirment qu'il n'y a rien de plus admirable que l'homme. Ces « humanistes » sont à l'origine d'un mouvement de pensée qui s'étend à toute l'Europe. Ils étudient les œuvres de l'Antiquité, cherchent à mieux comprendre le monde et font progresser les sciences.

Les ports tournés vers l'Atlantique comme Lisbonne, Séville ou Anvers se développent au détriment des ports méditerranéens.

## Les premiers empires coloniaux

*En Amérique, l'Espagne est à la tête d'un immense empire. Des colons s'y sont installés et exploitent les terres, les plantations, et les mines d'or et d'argent. La population amérindienne est décimée à cause des mauvais traitements et des maladies apportées par les Européens. La main-d'œuvre manque. On fait alors venir des esclaves d'Afrique.*

Les peintres découvrent et étudient les lois de la perspective qu'ils mettent en pratique dans leurs tableaux.

### Tout commence en Italie

Le mot « renaissance » vient d'Italie où de nombreux vestiges de la Rome impériale sont mis au jour. C'est une « nouvelle naissance » de l'art antique, dont les artistes veulent imiter la perfection. Ils étudient l'anatomie, le mouvement et, pour représenter l'espace, utilisent la perspective. L'art ne se limite plus aux thèmes religieux : portraits et scènes mythologiques sont des sujets à la mode. Des peintres comme Léonard de Vinci ou Michel-Ange réalisent un nombre incroyable de chefs-d'œuvre.

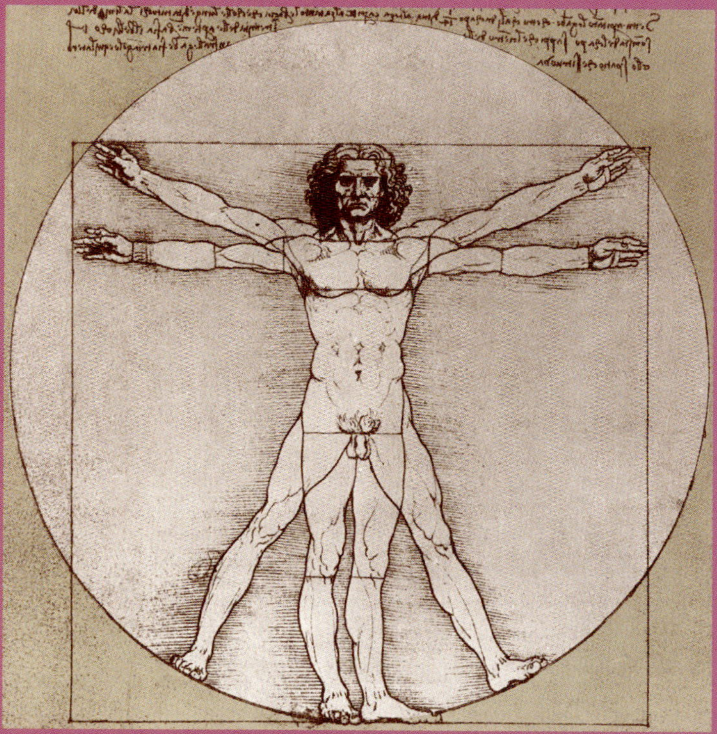

Les artistes cherchent à donner une juste représentation du corps humain.

Le pape Alexandre VI vivait comme un grand seigneur de la renaissance.

### Une Église critiquée

À la fin du Moyen Âge, la puissance de l'Église est de plus en plus contestée. Les idées humanistes font prendre conscience de la liberté de l'homme. Grâce à l'imprimerie, la Bible, traduite en français, devient accessible à un plus grand nombre. Les papes vivent dans le luxe et s'occupent davantage de politique que de religion. Et le bas clergé est ignorant. Les croyants aspirent à une religion plus simple et plus proche de leurs préoccupations.

**À la Renaissance, ils pensent…**

**ÉRASME, hollandais, donne une nouvelle traduction de la Bible et critique les abus de l'Église.**

**COPERNIC, polonais, affirme que c'est la Terre qui tourne autour du Soleil et non l'inverse.**

**VÉSALE, flamand, perfectionne l'anatomie en disséquant des cadavres.**

**LÉONARD DE VINCI, italien, un génie. En plus de peindre, il s'intéresse à l'anatomie et à la mécanique.**

**RABELAIS, français, à travers les histoires de Gargantua et de Pantagruel, expose les idées humanistes.**

# « Sa Majesté » François Ier

Au début du XVIe siècle, la France est le royaume le plus peuplé d'Europe et l'autorité du roi y est plus forte qu'ailleurs. Venant d'Italie, la Renaissance se développe grâce à François Ier, souverain intelligent, cultivé et grand amateur d'art et de littérature.

François Ier se fait appeler « Sa Majesté » et non plus « le Roi Notre Sire ».

Le puissant empereur Charles Quint est le grand rival de François Ier.

**Guerres italiennes**
Comme ses prédécesseurs, François Ier a des vues sur l'Italie et part à son tour en campagne. En 1515, il remporte la victoire de Marignan, mais subit dix ans plus tard une sévère défaite à Pavie où il est fait prisonnier. Les guerres d'Italie ne s'achèveront qu'en 1559 par le traité du Cateau-Cambrésis.

**Le premier souverain absolu**
Jamais l'autorité du roi n'a été aussi forte. François Ier va vite renforcer son pouvoir en centralisant l'administration royale. Son conseil est constitué de nobles et de grands officiers. Sur tous les actes royaux, le roi signe en ajoutant : « Car tel est notre bon plaisir. »

## Vive le français !

*Dans toute l'Europe, les langues populaires tendent à remplacer le latin. En 1539, par l'ordonnance de Villers-Cotterêts, François Ier décide que tous les actes officiels seront désormais rédigés en français et non plus en latin. Plus tard, sous le règne d'Henri II, des poètes, réunis sous le nom de « la Pléiade », s'emploient à défendre et enrichir la langue française.*

Symbole de la puissance de François Ier, Chambord est le plus vaste des châteaux de la Loire (il a 440 pièces !).

**Quand le château fort devient palais**

Lors des campagnes d'Italie, le roi et les nobles français découvrent l'art italien qu'ils introduisent en France. Dans le Val de Loire, d'admirables châteaux sont construits. Entourés de magnifiques jardins, ils perdent leur aspect défensif et deviennent des lieux de résidence pour la cour qui suit le roi. Les murs sont percés de larges fenêtres et les façades sont ornées d'escaliers et de galeries.

Le magnifique escalier de Chambord est l'œuvre de Léonard de Vinci.

**Un roi mécène**

Amoureux des arts, composant lui-même des poèmes, le roi protège de nombreux artistes, humanistes, poètes et musiciens comme Budé, Ronsard, Marot et Clouet. En 1516, il invite Léonard de Vinci qui va s'installer au manoir du Clos-Lucé.

**Une vie de cour raffinée**

Le règne de François Ier marque le début de la vie de cour. Les nobles se déplacent ainsi de château en château. Fêtes, festins, spectacles et bals s'y succèdent dans un luxe inouï. À table apparaissent de nouveaux goûts culinaires venus d'Italie.

Sur la tapisserie de la *Vie seigneuriale* (musée de Cluny), on peut voir une dame au bain, entourée d'un flûtiste et d'une luthiste.

À la cour, la musique est essentielle. Le luth est omniprésent.

# Au nom de Dieu, on tue !

Sous l'impulsion de Luther, puis de Calvin, la Réforme protestante va diviser l'Europe. À partir de 1560, la France sombre dans l'une des périodes les plus troubles de son histoire où catholiques et protestants vont s'affronter en une sanglante guerre civile.

**Réfugié en Suisse, le Français Jean Calvin fonde une autre Église protestante, plus sévère.**

**Comme ses contemporains, le moine Martin Luther est préoccupé par le salut de son âme.**

## La colère de Luther

Moine allemand, Martin Luther pense que seule la foi conduit au paradis. Aussi, il critique l'Église et sa pratique des indulgences qui permet le pardon des péchés par des pèlerinages, des prières et de l'argent. Considéré comme hérétique, Luther est excommunié en 1521. Refusant l'autorité du pape, il crée l'Église réformée ou protestante. Il simplifie le culte et traduit la Bible en allemand pour que chacun puisse la lire.

## La France et la Réforme

La Réforme se répand vite en France. D'abord tolérés, les protestants sont persécutés à partir de 1534. Après la mort d'Henri II, ses fils faibles et menés par Catherine de Médicis n'arrivent pas à concilier les protestants et les catholiques qui se disputent le pouvoir.

## Jeux de massacre

En 1562, le massacre de protestants à Wassy ouvre une période de guerre civile. La famille des Guise prend la tête du camp catholique, soutenu par l'Espagne. Pendant plus de trente ans, protestants et catholiques s'opposent. Ce fanatisme les conduit à rivaliser d'horreur et de barbarie.

**Les protestants, appelés aussi « huguenots », sont nombreux dans les villes et particulièrement dans celles du sud de la France.**

| 1515-1547 | 1521 | 1541 | 1547-1559 | 1562 |
|---|---|---|---|---|
| Règne de François Ier | Luther excommunié | Calvin s'exile à Genève. | Règne d'Henri II | Massacre de protestants à Wassy. La France plonge dans la guerre civile. |

Après la Saint-Barthélemy, Montaigne note qu'« une folie universelle semble s'être abattue sur les hommes ».

**La Saint-Barthélemy**
L'événement le plus marquant est le massacre de la Saint-Barthélemy, à Paris, le 24 août 1572. Charles IX s'est lié d'amitié avec l'amiral protestant, Coligny. Mais les chefs catholiques persuadent le roi que Coligny est à la tête d'un complot. Charles IX ordonne alors la mort de son ami et le massacre des chefs protestants tous réunis à Paris.

**La Contre-Réforme et le concile de Trente**
Devant une telle crise religieuse, le pape Paul III décide de conduire la propre réforme de l'Église. Il réunit un concile à Trente en 1545. L'autorité du pape est réaffirmée. Pour remédier à l'ignorance des prêtres, des séminaires sont créés.

## Catherine de Médicis, une mère plutôt envahissante !

*Après la mort d'Henri II et de François II, Catherine de Médicis devient régente et, sous les règnes de ses fils Charles IX et Henri III, reste au cœur du pouvoir. Dissimulatrice et rusée, elle traite avec les protestants, mais elle sera débordée par les haines religieuses.*

Après le concile de Trente, le catholicisme connaît un nouvel élan. L'ordre des Jésuites envoie des missionnaires partout dans le monde.

| 1559–1560 | 1560–1574 | 1572 | 1574–1589 | 1588 | 1589 |
|---|---|---|---|---|---|
| Règne de François II | Règne de Charles IX | Massacre de la Saint-Barthélemy | Règne d'Henri III | Assassinat du duc de Guise | Assassinat d'Henri III |

# Le « bon roi Henri »

En 1589, après l'assassinat d'Henri III, c'est Henri de Navarre qui hérite du trône de France. À la tête d'un royaume ruiné par la guerre civile, avec sa simplicité et sa bonhomie légendaires, Henri IV va susciter l'adhésion des Français et rétablir l'autorité royale.

« Ralliez-vous à mon panache blanc ! », disait Henri IV à ses troupes. À leur tête, il entre victorieusement dans Paris en mars 1594.

Avec Henri IV, la famille des Bourbons arrive sur le trône de France.

**Qu'il est dur de conquérir son royaume !**
Protestant, Henri IV doit conquérir son royaume en se battant contre les princes catholiques soutenus par l'Espagne. Pour contrer leurs plans, il renonce à sa foi protestante. En 1594, il est sacré roi à Chartres.

**L'édit de Nantes**
Dès lors, Henri IV veut rétablir la paix civile et religieuse. Le 13 avril 1598, par la signature de l'édit de Nantes, il accorde aux protestants la liberté de culte, le droit de bâtir des temples et d'ouvrir des écoles. Les protestants reçoivent également des « places de sûreté » comme La Rochelle ou Montauban où ils peuvent se réunir et discuter de leurs intérêts.

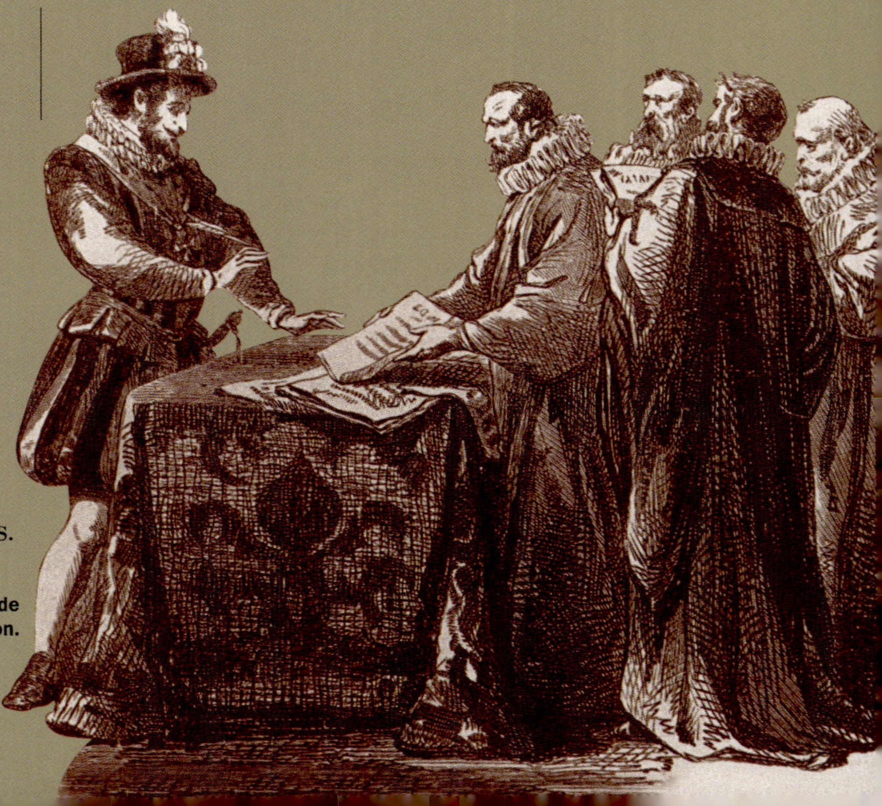

L'édit de Nantes met fin à plus de trente ans de guerres de Religion.

**Une France prospère**
Secondé par son ministre Sully, Henri IV redresse spectaculairement les finances. Les routes sont restaurées et bordées d'arbres, l'armement se développe et le commerce est encouragé. Grâce à Olivier de Serres, l'agriculture se modernise.

**Un « bon roi » autoritaire**
Henri IV tend à restaurer l'absolutisme et réduit le pouvoir des parlements. Il fidélise les serviteurs de l'État en promulguant l'édit de la Paulette, une taxe qui garantit la possession de leur charge et sa transmission à leurs héritiers.

De nombreux ponts sont construits comme le Pont-Neuf à Paris.

François Ravaillac, l'assassin d'Henri IV, est un fanatique catholique. Il est torturé, puis exécuté en place de Grève, le 27 mai 1610.

**14 mai 1610**
Ce jour-là, et malgré de sombres pressentiments (il a déjà échappé à 17 attentats !), Henri IV se rend au chevet de Sully. Alors que sa voiture est bloquée, un homme passe son bras par la portière et le frappe avec un couteau. Henry IV s'écroule. Il meurt quelques heures plus tard.

**Sully**

*De son vrai nom Maximilien de Béthune, Sully est un ami de longue date d'Henri IV. D'une famille protestante, il se voit confier par le roi la charge de surintendant des Finances dès 1598. Très attaché à l'agriculture, il proclame que « labourage et pâturage sont les deux mamelles de la France ». Par sa gestion rigoureuse, il restaure l'économie française.*

**Famille nombreuse ...**

❶ Henri IV est connu pour ses conquêtes amoureuses. On le surnomme le Vert Galant.

❷ Il a eu en tout seize enfants de cinq mères différentes.

❸ Il les fait tous élever ensemble au château de Saint-Germain.

❹ Ils doivent l'appeler « Papa » et non « Monsieur » comme le voudrait le protocole.

# Louis XIII : un roi très bien conseillé

Après une période de régence troublée, Louis XIII prend le pouvoir avec force. Il fait du cardinal de Richelieu, un véritable « Premier ministre ». Celui-ci impose dans tout le pays l'autorité du roi et fait de la France un État centralisé, puissant et redouté.

Le jeune Louis XIII, ici à 6 ans, est un enfant de faible santé, timide et un peu gauche.

**Une régence sous influence**
Lorsque Henri IV meurt, Louis XIII a 9 ans. Marie de Médicis prend la régence et gouverne avec Concini, un Italien sans scrupules qui vide les caisses du royaume. En 1617, Louis XIII le fait assassiner et écarte ainsi sa mère des affaires. Il a 16 ans et, par ce « coup de majesté », prend réellement le pouvoir.

**Un précieux conseiller**
« Principal ministre » de Louis XIII, Richelieu poursuit trois objectifs : abaisser les nobles, affaiblir le parti protestant et lutter contre les puissants Habsbourg. Le roi reste présent et, malgré sa modération, il est jaloux de l'autorité de Richelieu dont aucune décision ne sera prise sans son consentement.

**Imposer l'autorité du roi**
Dans chaque province, Richelieu nomme des intendants qui disposent des pleins pouvoirs. Pour remettre les nobles à leur place, il fait interdire les duels et punit impitoyablement ceux qui fomentent des complots. Face aux protestants qui se révoltent en 1625, il assiège avec succès la ville de La Rochelle.

C'est en 1624 que le cardinal de Richelieu entre au Conseil du roi.

À La Rochelle, Richelieu fait construire une digue pour isoler le port. Après quinze mois de siège, la ville capitule.

**Des premières colonies, les navires rapportent du tabac, du café, du cacao et... du coton.**

**Retrouver la prospérité**
Richelieu dote le pays d'une marine militaire et marchande efficace. Il développe le grand commerce et jette les bases d'un empire colonial en Guyane, au Sénégal, à Madagascar, aux Antilles et surtout au Canada. À sa mort, en 1642, la France est une puissance redoutée.

**Partir en guerre, ça coûte cher !**
Depuis 1618, l'Europe est déchirée par la guerre de Trente Ans opposant l'Espagne aux princes allemands protestants. En 1635, Richelieu s'allie à ces derniers et engage la France dans le conflit, mécontentant Marie de Médicis, favorable à l'Espagne. Mais la guerre épuise les finances. Richelieu augmente les impôts, les campagnes sont miséreuses et les soulèvements populaires sévèrement réprimés.

## Des complots à la pelle !

*Contre le roi et son ministre, il y eut de nombreux complots durant tout le règne, parfois organisés par des proches. Louis XIII fut menacé par son propre frère, Gaston d'Orléans, si ambitieux qu'il est prêt à livrer des secrets d'État pour monter sur le trône ! Il est même trahi par un ami fidèle, Cinq-Mars... Mais le roi ne pardonne pas et le fait décapiter.*

**En 1643, les Français remportent l'éclatante victoire de Rocroi qui marque le début de la domination militaire de la France en Europe.**

**Un pour tous et tous pour un !** **La première compagnie de mousquetaires est créée par Louis XIII en 1622. S'ils aiment les épées, ils doivent leurs noms au mousquet (pistolet) dont ils sont armés.**

**Les mousquetaires de Louis XIII portent une casaque bleue et montent des chevaux gris.**

**Ceux de Richelieu portent une casaque rouge et montent des chevaux noirs.**

# Premières colonies

Malgré les tentatives de Jacques Cartier au Canada, sous François I^er^, les voyages de découverte français ne débutent sérieusement que sous Richelieu. La création d'une véritable flotte permet à la France d'explorer, puis d'exploiter ses premières colonies.

**La france veut sa part d'Amérique**
La France est longtemps restée à l'écart des grandes expéditions maritimes. Seuls le Portugal et l'Espagne se sont lancés dans la conquête et l'exploitation du Nouveau Monde. En 1523, conscient de ce handicap, François Ier subventionne l'expédition de Verrazano. Puis charge le navigateur Jacques Cartier de trouver une voie pour gagner la Chine en contournant l'Amérique par le Nord.

**En avril 1524, Verrazano découvre la baie de New York qu'il baptise « Nouvelle Angoulême » (un pont y porte encore son nom).**

**Les récits de voyages de Cartier sont riches d'informations sur le Canada et ses habitants.**

**Jacques Cartier**
Parti de Saint-Malo, Jaques Cartier parvient en 1534 sur la côte d'Amérique du Nord. Il repart en 1535 et arrive à l'embouchure d'un fleuve auquel il donne le nom de Saint-Laurent. L'explorateur remonte le cours jusqu'aux sites actuels de Québec et de Montréal. Il apprend des Indiens le mot *canada*, qui signifie « village ».

**Samuel de Champlain**
En 1603, Samuel de Champlain, envoyé par Henri IV, poursuit l'exploration de la région et y établit une colonie permanente. Puis, lors d'une seconde expédition, il fonde Québec. Il est appelé le « père de la Nouvelle-France ».

**De la « pub » pour les colons !**
Mais la Nouvelle-France attire peu les colons. À la mort de Champlain, en 1635, seuls 85 Français y vivent ! Aussi Richelieu fonde-t-il la Compagnie de la Nouvelle-France (ou Compagnie des Cent-Associés) qui reçoit la propriété du pays et le monopole du commerce des fourrures pour quinze ans. En échange, les colons promettent d'attirer au Canada 300 immigrants par an. Mais très vite, les Français se heurtent aux Anglais, eux aussi intéressés par la région…

**En 1608, Champlain crée la ville de Québec en amont du fleuve. Aujourd'hui la langue officielle du Québec est toujours le français.**

## Champlain et les Hurons

*Les Hurons sont les Indiens établis sur les rives du Saint-Laurent. Champlain les appelle les « Cheveux relevés » estimant qu'ils sont bien mieux coiffés que les courtisans français ! Constamment attaqués par les Iroquois, ils demandent son appui au Français qui prend ainsi part à plusieurs batailles où son arquebuse lui confère un grand prestige.*

**D'autres colonies françaises**
Dès 1604, des colons arrivent en Guyane. Aux Antilles, les Français occupent Saint-Christophe (1625), puis la Guadeloupe et la Martinique (1635). En Afrique, le comptoir du Sénégal et de la Guinée est fondé à Saint-Louis du Sénégal en 1626.

**Principaux comptoirs et compagnies maritimes françaises**
**Pour exploiter ses colonies, la France fait venir des esclaves d'Afrique : c'est la traite des Noirs.**

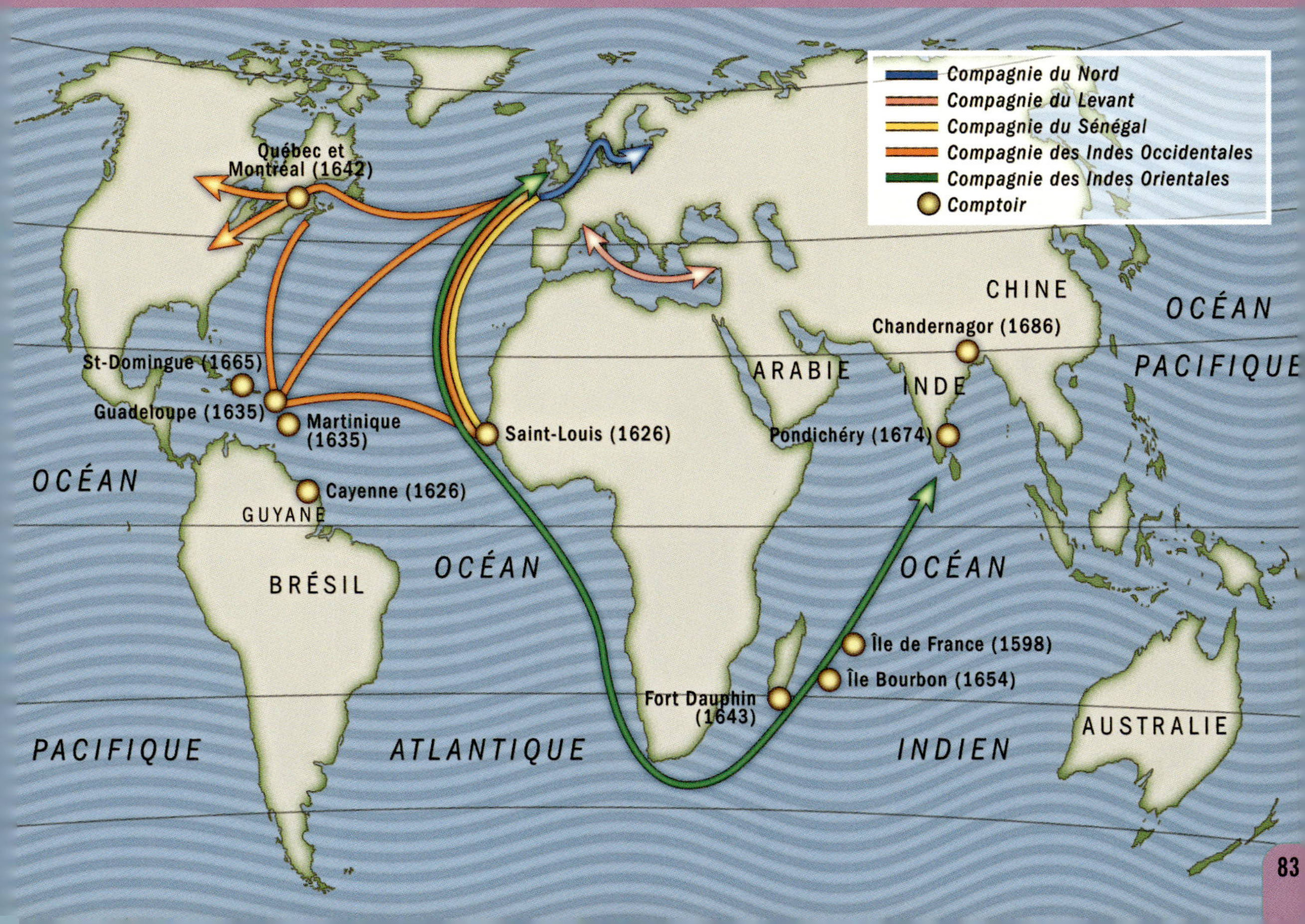

# Louis XIV : le Soleil pour emblème

Louis XIV a été roi soixante-douze ans. C'est le plus long règne de l'histoire de France. Monarque dont l'autorité ne se discute pas, il gouverne seul et ne s'encombre pas d'intermédiaire. Dans l'Europe du XVIIe siècle, nul autre n'incarne ainsi la monarchie absolue.

**L'enfant et la Fronde**
À la mort de son père, Louis XIV a 5 ans. Sa mère, Anne d'Autriche, gouverne avec Mazarin. Entre 1648 et 1653, elle fait face à la révolte des nobles exigeant le renvoi du ministre. Louis XIV gardera de ces années une profonde méfiance envers la noblesse.

**L'État, c'est lui !**
En 1661, Louis XIV annonce qu'il gouvernera seul. Entouré d'hommes capables et dévoués, il réforme la justice, veille à ce que l'ordre règne et veut rétablir l'unité religieuse : en 1685, il révoque l'édit de Nantes : les protestants sont interdits de culte.

Belle mais autoritaire, Anne d'Autriche est régente de 1643 à 1661.

**Les attributs de la royauté**

Le sceptre sur lequel Louis XIV s'appuie est le symbole du commandement.

Doublé d'hermine, le manteau de sacre rappelle l'aspect divin de la monarchie.

L'épée signifie que le roi est chef des armées et défenseur de l'Église.

La couronne rappelle le couronnement de l'empereur Charlemagne.

**La première puissance d'Europe**
Grâce à Colbert, l'activité économique se développe. Il donne la priorité aux compagnies commerciales, aux manufactures (Gobelins, Saint-Gobain) et au développement des colonies. Il favorise l'action des corsaires.

Vauban entoure le royaume d'une ceinture de fortifications imprenables, protégeant les frontières.

S'entassant au château de Versailles et réduits au rôle de courtisans, les nobles perdent tout pouvoir politique dans les provinces.

**Versailles : une prison dorée ?**
Pour contrôler la noblesse et l'empêcher de comploter, Louis XIV l'attire à Versailles. Les nobles se disputent le privilège de vivre à la cour et de s'y faire remarquer. Les moindres gestes de Louis XIV sont organisés en un strict cérémonial : l'étiquette. Bals, festins, réceptions, feux d'artifice rythment la vie de la cour.

Louis XIV veut agrandir son royaume. Menée contre les Pays-Bas, la guerre de Hollande (1672-1679) permet d'annexer la Franche-Comté.

**Pour qui se prend le roi ?**

**Pour le Soleil :** Louis XIV adopte cet emblème en 1662. Il est accompagné d'une devise : *Nec Pluribus Impar* (« il l'emporte sur tous »).

**Pour Apollon :** Louis XIV est donc souvent associé à ce dieu du Soleil, de la Paix et des Arts.

**Pour Mars :** Louis XIV se veut héros guerrier. À Versailles, 218 représentations le rattachent à ce dieu guerrier.

**Triste fin de règne**
Louis XIV s'est lancé, contre les pays d'Europe coalisés, dans quatre guerres qui ont appauvri le pays et entraîné de nouveaux impôts. Dans les campagnes, de 1693 à 1709, la population est décimée par les famines. À Versailles, l'ambiance austère n'est plus aux fastes d'autrefois.

## Des artistes protégés

*Louis XIV a compris que les arts peuvent contribuer à l'éclat de son règne. Il se pose ainsi en protecteur des artistes. Certains bénéficient de commandes royales, les plus appréciés sont nommés à des postes prestigieux. D'autres reçoivent une aide financière sous forme de pension comme Molière et Racine. En retour, le souverain attend d'eux qu'ils concourent à sa gloire.*

# Quand Versailles rayonne

Dès 1664, Louis XIV s'entoure des plus grands artistes pour transformer le pavillon de chasse de son père en un palais majestueux. Ce sera un château à sa mesure, véritable hymne à sa gloire et qui lui permettra d'éblouir l'Europe tout entière.

On estime que Versailles a pu abriter près de 10 000 courtisans !

Symétrie du plan, façades à colonnades : l'art classique triomphe.

Dès 1661, le jardinier du roi, André Le Nôtre dessine de splendides jardins à la française : parterres symétriques, allées rectilignes, bassins et canaux

Dès le matin, des courtisans entrent dans la chambre du roi et assistent au Grand Lever.

Appelée alors Grande Galerie, la galerie des Glaces est décorée par Le Brun. Chaque courtisan se devait de s'y montrer.

Partout dans le décor, la mythologie est invoquée pour chanter la grandeur du roi.

Du petit pavillon de chasse de Louis XIII, le Roi-Soleil fait un palais grandiose. Il n'y habite définitivement qu'à partir de 1662.

ainsi que bosquets harmonieusement taillés. C'est un travail gigantesque entrepris par Le Nôtre. Versailles est son chef-d'œuvre !

L'eau sous toutes ses formes est l'ornement principal des jardins de Versailles.

Les somptueuses fêtes données par le roi se terminent souvent par un feu d'artifice.

Louis XIV dans le *Ballet royal de la nuit*.

C'est sous Louis XV que l'Opéra royal voit le jour. Sa construction démarre en 1758 et il sera inauguré au mois de mai 1770.

La cour assiste à la messe dans la chapelle royale.

# Sous le règne de Louis XV

Le long règne du « Roi-Soleil » s'achève dans l'obscurité. Une grande partie de la population souffre de la faim et vit dans une grande misère. L'héritier du vieux roi Louis XIV n'est encore qu'un enfant. Il va régner sous le nom de Louis XV.

Louis XV est passionné de chasse à courre, activité faisant partie de l'éducation des futurs rois.

**Louis XV, le Bien-Aimé**
Louis XV est né en 1710. Il devient roi à 5 ans et succède ainsi à son arrière-grand-père le « Roi-Soleil ». Il sera surnommé le « Bien-Aimé ». Il s'installe à Versailles où les fêtes et les divertissements s'enchaînent. Il se marie en 1725 avec la fille du roi de Pologne. Ils auront dix enfants. Cultivé, Louis XV s'intéresse aux sciences, mais se passionne aussi pour la chasse. Les réformes qu'il tente d'entreprendre n'auront pas lieu et il devient impopulaire. Il meurt en 1774 dans l'indifférence générale.

**Une France des provinces**
Chaque province possède ses coutumes et ses dialectes. On vit dans des habitats isolés et de petits villages, et les communications sont difficiles. Toutefois, de nouvelles routes royales sont construites et pavées. Le principal danger routier reste le brigandage.

**Vivre en ville**
L'architecture de pierre remplace celle de bois. Les villes se transforment et attirent les gens des campagnes. Ce petit peuple exerce des métiers de rue comme porteur d'eau ou lingère.

Le rémouleur, qui aiguise couteaux et ciseaux, exerce son métier dans la rue.

Cette scène illustre une attaque menée par Mandrin, un célèbre chef de brigands. Une chanson raconte d'ailleurs ses exploits.

Le fardier à trois roues et équipé d'une chaudière est le 1er modèle de voiture à vapeur inventé par Nicolas Joseph Cugnot en 1769.

**Des cerveaux en ébullition**
L'ingénieur Cugnot fabrique une machine pour tracter des canons. L'abbé Nollet étudie les décharges électriques. Les propriétés de l'oxygène et de l'azote sont découvertes. Les naturalistes Jussieu, Linné et Buffon étudient les plantes, les animaux, la Terre, et des hommes s'élèvent pour la première fois dans les airs. Les sciences font un bond en avant !

## La « Perle des Antilles »

*Une île découverte par Colomb, Saint-Domingue devient la « Perle des Antilles ». Une partie de l'île est devenue française en 1697. Des esclaves noirs y cultivent dans des conditions inhumaines du café et surtout de la canne à sucre qui fait la fortune des planteurs Blancs. C'est la principale destination des marchands français qui pratiquent le commerce des Noirs, la traite.*

**Une puissance maritime**
Sous Louis XV, le commerce maritime s'accélère. Des ports comme Bordeaux, Marseille ou Nantes se développent très vite. De nouveaux bateaux sont construits. Certains partent vers l'Amérique du Nord chercher des fourrures de castors qui s'échangent contre des objets de pacotille. D'autres mettent le cap sur les Antilles pour ramener du café, de l'indigo et de la canne à sucre. Ce commerce enrichit les négociants et les marchands. Ils se font construire de beaux hôtels particuliers.

**Le siècle des Lumières**
En Europe, des hommes réfléchissent à des idées nouvelles. Ce mouvement s'appelle « les Lumières ». Des philosophes et des écrivains parlent de liberté, de justice, d'égalité. Certains se moquent même du roi dans leurs écrits. Montesquieu, Voltaire et Rousseau sont les plus célèbres en France.

Un livre connaît aussi un grand succès. C'est l'*Encyclopédie* de Diderot et d'Alembert. 150 personnes participent à sa rédaction qui demande vingt ans de travail. Elle compte 28 volumes. Des proches du roi encouragent ce travail qui fait la somme des connaissances qui concourent à de nouveaux progrès.

L'*Encyclopédie* de Diderot et d'Alembert est un dictionnaire illustré de planches de dessins de machines, d'outils...

# Louis XVI et le royaume

Au XVIIIe siècle, Louis XVI est à la tête du pays le plus peuplé d'Europe avec 28 millions d'habitants. Depuis des années, une crise financière et économique touche le royaume. En 1789, une grande partie de la population est dans la misère. La révolte gronde.

**Un monarque absolu**
À 16 ans, Louis XVI épouse Marie-Antoinette, la fille de l'empereur d'Autriche. Il devient roi, quatre ans plus tard, en 1774. Monarque absolu, il décide seul sans demander l'avis du peuple. C'est également un personnage sacré, car, selon la tradition, il a reçu son pouvoir de Dieu.

**Une société paysanne**
En 1789, sur 28 millions de Français, 22 millions vivent à la campagne. Beaucoup sont très pauvres et ne cultivent que des terres peu fertiles appartenant à de nobles propriétaires qui ont des droits sur eux, les privilèges.

Marie-Antoinette et ses enfants. Le dauphin, Louis-Joseph (à droite sur le tableau), mourra d'une grave maladie en juin 1789.

**Une société d'ordres**
La société se divise en trois groupes. Le clergé est formé des gens d'Église, et la noblesse est le plus riche. Le tiers état, l'ordre le plus nombreux, réunit le peuple des campagnes et des villes, et la bourgeoisie dont les commerçants, les avocats ou les médecins font partie.

Gravure montrant le poids des impôts payés par les paysans aux nobles et aux prêtres.

Petit-fils de Louis XV, Louis XVI est un homme cultivé et curieux qui parle plusieurs langues.

Salle de l'hôtel des Menus-Plaisirs à Versailles : le roi est assis sous un dais orné de lys et préside les états généraux.

**Un pays en crise**
Les paysans sont écrasés par les impôts royaux dont « la taille », et par ceux payés au clergé et aux nobles. Gelées et inondations se succèdent, et les récoltes de blé sont insuffisantes. En ville, le pain coûte cher. Beaucoup sont au chômage et vivent dans la misère. La colère gronde.

Dans la salle du Jeu de paume, les députés se proclament Assemblée nationale, le 20 juin 1789.

**Les états généraux**
Au printemps 1789, Louis XVI convoque les états généraux à Versailles. Son intention est de mettre de l'ordre dans les finances. La réunion s'ouvre le 5 mai et réunit les représentants de la noblesse, du clergé et du tiers état, tous décidés à présenter au roi des cahiers de doléances qui contiennent les plaintes des Français. Le roi, quant à lui, pense qu'il est préférable de faire voter de nouveaux impôts.

**Le serment du Jeu de paume**
Les députés du tiers état espèrent des réformes, mais le roi n'en fait pas. Ils se constituent en Assemblée nationale, font le serment de ne pas se séparer et décident de rédiger une Constitution qui définira les rapports entre gouvernants et gouvernés. Le roi prend peur et rassemble ses troupes.

## Les cahiers de doléances

*En 1789, les Français écrivent 60 000 cahiers de doléances au roi, guidés par ceux qui savent lire et écrire, comme les notaires. On y parle de justice, de liberté et d'égalité et on demande aussi que la taille, l'impôt le plus lourd, soit répartie entre tous les Français.*

# 1789, la Révolution française

Le 14 juillet 1789, la Bastille, vieille forteresse médiévale, est prise par le peuple de Paris. Puis ce sont les campagnes qui s'embrasent. En quelques mois, la France connaît un grand et profond bouleversement. Ce n'est pas une révolte mais la Révolution.

**L'ASSAUT DE LA BASTILLE fait une centaine de morts et des blessés. Cet ancien château fort était une prison royale où le roi pouvait emprisonner des gens selon son bon plaisir.**

**La prise de la Bastille**
Le mardi 14 juillet, la révolution éclate à Paris. Les manifestants s'emparent de fusils et de canons entreposés aux Invalides, puis se dirigent vers la Bastille où ils pensent trouver de la poudre. En fin d'après-midi, la forteresse est prise. Le peuple récupère la poudre et libère sept prisonniers. Le gouverneur de la Bastille, le marquis de Launay, aura la tête tranchée. Le 15 juillet, tandis que la démolition de la Bastille démarre, le roi qui est à Versailles apprend seulement qu'elle a été prise.

### Un roi caricaturé

*Avant la Révolution, Louis XVI est représenté en habit de sacre, en père de famille et en père de tous les Français comme d'autres rois avant lui. Mais après sa fuite, les Français ne l'aiment plus. Des caricatures le représentent mi-homme, mi-cochon. Certaines sont encore plus féroces. Le roi apparaît, par exemple, en sanglier, une bête que l'on doit tuer.*

**Louis XVI à Paris**
Le 17 juillet, le roi quitte Versailles pour Paris et est accueilli à l'Hôtel de Ville par Bailly, élu maire. On lui remet une cocarde tricolore, symbole de la Révolution et de la France. En l'acceptant, le roi reconnaît que les révolutionnaires ont gagné et que le gouvernement appartient aux Français.

**La nuit du 4 août**
Après Paris, les campagnes se révoltent. On pille des châteaux et on brûle des archives témoignant des droits réservés à la noblesse et au clergé. C'est le début de la Grande Peur. Pour enrayer cette violence, l'Assemblée nationale vote, la nuit du 4 août, l'abolition des privilèges qui supprime impôts et droits féodaux existant depuis des siècles.

**La Déclaration des droits de l'homme et du citoyen**
Le 26 août, la Déclaration des droits de l'homme et du citoyen est votée. Ce texte est vraiment très important. Il proclame une société nouvelle et affirme que: «Les hommes naissent et demeurent libres et égaux en droits.» Cette déclaration fait écho, à la déclaration d'indépendance américaine de 1776.

**La fuite du roi**
Louis XVI semble accepter les réformes de l'Assemblée nationale. Pourtant, en juin 1791, il s'enfuit pour l'étranger avec les siens, tous déguisés, à bord d'une énorme berline. Ils sont reconnus dans une auberge de Varennes et sont immédiatement arrêtés.

# Une France nouvelle

Les années qui suivent la Révolution française sonnent la fin de la royauté. Une première République voit le jour et, petit à petit, la vie des Français se transforme. Les symboles d'une nouvelle France font aussi leur apparition.

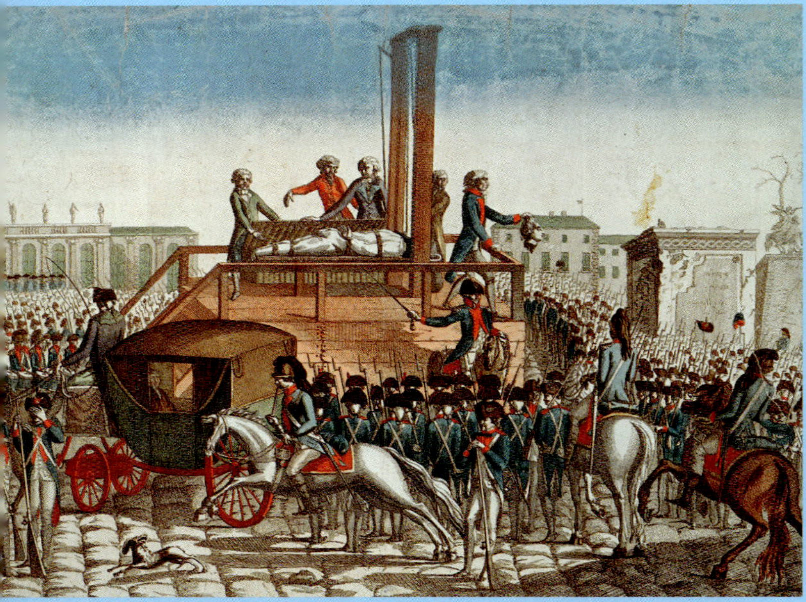

La tête de Louis XVI est présentée au peuple sur la place de la Révolution, l'actuelle place de la Concorde.

**La fin de la monarchie**
Depuis sa fuite, les Français n'ont plus confiance en Louis XVI. En 1792, il prend encore des décisions. Il déclare la guerre à l'Autriche et à la Prusse, espérant que l'armée de la Révolution sera défaite et qu'il retrouvera son pouvoir. Mais en septembre, les soldats français gagnent la bataille de Valmy contre les Prussiens. C'est la première victoire de la Révolution et une des dates de la fin de la monarchie.

**Un roi guillotiné**
En septembre 1792, une nouvelle assemblée, la Convention, est créée. Elle organise le procès du roi, accusé de trahison. Louis XVI est condamné à mort par 387 voix contre 344. Il est guillotiné le 21 janvier 1793.

**Une première République**
En France, la République a été proclamée, le 21 septembre 1792, par la Convention. Elle marque la fin du pouvoir du roi. Une république, c'est aussi un pays dont le gouvernement appartient au peuple. Son drapeau tricolore est un de ses symboles depuis 1789. Le bleu et le rouge sont les couleurs de Paris et le blanc, la couleur du roi.

Le bonnet phrygien et les couleurs de la République sur une affiche datant de 1792.

**Tous à la mairie !**
Pendant des siècles, les prêtres ont inscrit les dates des baptêmes, des mariages et des décès sur des registres de paroisse. Depuis la Révolution, ce sont les mairies qui ont la charge de tenir un nouveau cahier avec les mêmes informations : le registre de l'état civil. Les mariages civils et religieux sont dissociés. Seul le mariage civil a une valeur légale.

En 1792, le mariage civil devient obligatoire devant le maire qui porte l'écharpe tricolore. Le divorce est également autorisé.

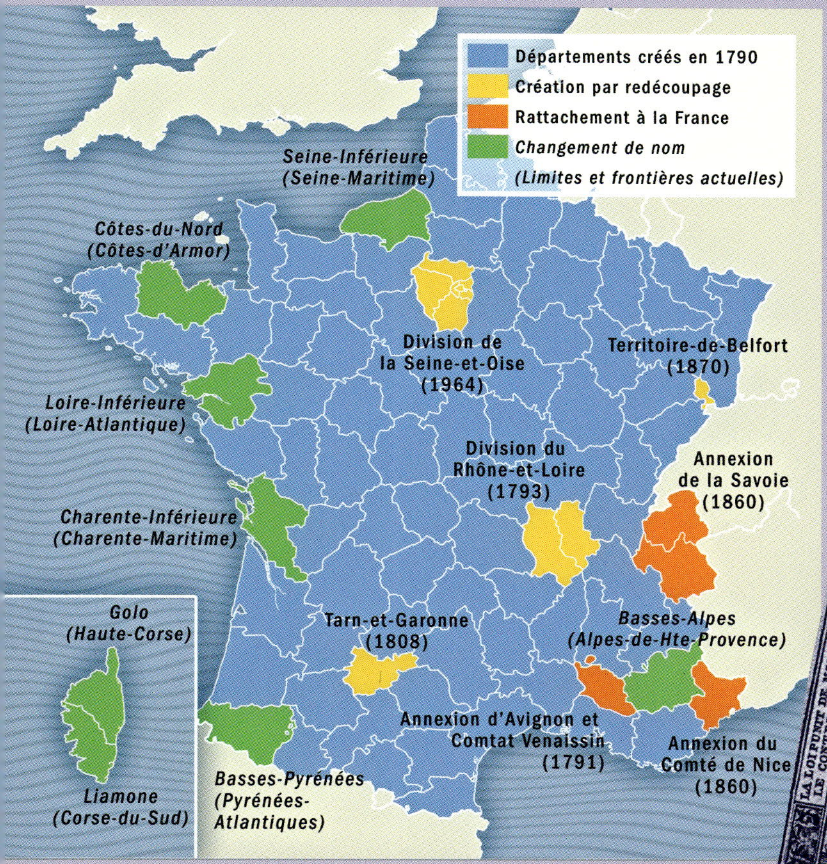


Voici la carte des 83 départements français créés en 1790, et des changements apportés jusqu'à nos jours.

**La création des départements**
Pendant des siècles, la France a été divisée en provinces. En 1790, le pays est découpé en quatre-vingt-trois départements aux limites bien définies. Ils sont tous gérés de la même façon et chacun d'eux possède un chef-lieu où sont situés les services administratifs.

L'assignat, le premier billet de papier mis en service en 1791.

**Même poids, même mesure**
Avant la Révolution, les mesures de longueur, de masse et de capacité sont différentes d'une région à l'autre. C'est en 1795 que le mètre, le kilogramme et le litre sont créés et deviennent obligatoires. C'est aussi pendant la Révolution que va apparaître le papier-monnaie.

## La Marseillaise

*Ce chant qui démarre par « Allons enfants de la patrie... » est composé par Claude Joseph Rouget de Lisle en 1792 et son titre a d'abord été « Chant de guerre pour l'armée du Rhin ». Mais c'est un bataillon de soldats de Marseille qui l'a rendue populaire. Symbole de la Révolution, la Marseillaise est devenue un chant national en 1795 et l'hymne national en 1879.*

# Napoléon, à la conquête du pouvoir

**D**epuis plus de deux cents ans, le nom de Napoléon est associé aux noms des plus grands chefs militaires de toute l'histoire. Voici son parcours de l'enfance à l'âge adulte et le portrait d'un homme au destin exceptionnel.

**Une enfance en Corse**
Le vrai nom de Napoléon est Napoleone Buonaparte. Son père, d'origine italienne, est issu de la petite noblesse. Il vit en Corse où il travaille comme avocat. Avec sa femme, ils auront douze enfants. Napoléon est leur deuxième fils.
Il est né le 15 août 1769 à Ajaccio, une année après que la république de Gênes cède la Corse à la France. Gamin, cet enfant plein de vie n'hésite pas à déchirer son pantalon quand il joue à la guerre.

Lors d'un hiver rigoureux, le jeune Napoléon organise et commande une bataille de boules de neige dans la cour de l'école de Brienne.

Tout jeune, Napoléon rêvait peut-être de conquérir l'Europe !

**En route pour le continent**
En 1778, Napoléon quitte son île natale et part faire ses études sur le continent. Il est inquiet, car il ne parle que le corse et l'italien. Après quelques mois au collège d'Autun où il apprend le français, il entre à l'école militaire de Brienne.
Il se passionne pour l'histoire, la géographie et les mathématiques.
Il étudie la religion, la danse, l'escrime et la musique. Napoléon est un élève solitaire. Il faut dire que l'on se moque souvent de lui à cause de son accent. Lui est très fier d'être corse !
Il intègre ensuite l'École royale militaire de Paris et obtient son brevet de lieutenant d'artillerie à 16 ans.

**Le général Bonaparte est à la tête des hommes de l'armée d'Orient lors de la campagne d'Égypte, en juillet 1798.**

**Une carrière militaire**
Après la mort de son père, en 1785, Napoléon rentre souvent en Corse pour aider sa famille. Quand la Révolution éclate, il s'intéresse aux idées révolutionnaires qui parlent de justice et de liberté. En 1793, le gouvernement de la République veut prendre le port de Toulon, occupé par les royalistes et les Anglais. Alors capitaine, Napoléon se bat en première ligne. Le port est libéré et Napoléon est nommé général de brigade.

### Le coup d'État

*Le 9 novembre 1799, Napoléon réussit un coup d'État. Il prend le pouvoir par la force. Cette date marque aussi la fin de la Révolution. Napoléon contrôle la justice, l'administration. Il met fin à la guerre de Vendée menée par les royalistes. Il établit l'ordre et la paix en France, ce qui le rend populaire. En 1802, il se fait proclamer consul à vie.*

**Un général ambitieux**
En octobre 1795, Napoléon écrase une révolte royaliste à Paris. En récompense, on le nomme général en chef de l'armée d'Italie. En 1796, il épouse Joséphine de Beauharnais. Souvent absent, il lui écrit de longues lettres d'amour, le soir, entre deux batailles.

**De victoire en victoire**
Pendant trois ans, Napoléon fait la guerre. Il part à la conquête de l'Italie du Nord, puis de l'Égypte. Il impose à ses soldats des marches rapides pour surprendre l'adversaire. Sur les champs de bataille, il prend des décisions imprévues mais efficaces. Il rapporte en France beaucoup de richesses. Il est prêt à prendre le pouvoir.

**Sur le tableau de David, Napoléon franchit un col dans les Alpes, à cheval. Dans la réalité, sa monture était une mule !**

# Napoléon, un empereur qui a marqué l'Europe

À partir de 1804, date de son sacre, l'histoire de Napoléon franchit les frontières de la France. Plus de mille ans après Charlemagne, le pays a un nouvel empereur. Sous le nom de Napoléon Ier, il va également marquer l'histoire de l'Europe du début du XIXe siècle.

**Le peintre David a immortalisé dans un immense tableau, le sacre de l'empereur auquel participent 12 000 personnes.**

**En route vers le sacre**
Général couvert de gloire, Napoléon devient premier consul en 1800. Il rêve de devenir empereur et de se faire sacrer par un pape, comme Charlemagne.
Le 2 décembre 1804, le carrosse impérial traverse Paris, acclamé par la foule. La cérémonie du sacre dans la cathédrale Notre-Dame est grandiose. Napoléon se couronne lui-même d'une couronne de laurier doré. Puis il couronne sa femme, agenouillée devant lui, en signe de respect.

**La conquête de l'Europe**
Napoléon Ier rêve d'un vaste empire. Il s'attaque à son ennemi de toujours, l'Angleterre. Mais la flotte française est détruite à Trafalgar en 1805.

Napoléon attaque alors les alliés de l'Angleterre en Europe. Il est vainqueur à Austerlitz, à Iéna... En 1810, une grande partie de l'Europe est dominée par la France.

**Gouverner en famille !**

*La vie de Napoléon est une histoire de famille. Dans les pays qu'il a conquis, il n'a pas hésité à donner le pouvoir à ses frères. Son aîné sera roi de Naples, puis d'Espagne. Un autre sera roi de Hollande. Ses sœurs seront aussi duchesse, princesse ou reine. Enfin, son fils né de son deuxième mariage recevra le titre de roi de Rome !*

**La Grande Armée**
Napoléon ne serait rien ou presque sans sa Grande Armée. Elle lui sera toujours fidèle. Les fantassins sont les plus nombreux. En campagne, ils portent un sac de trente kilos et leur lourd fusil à baïonnette.
Au combat, ils sont en première ligne. Cette armée compte aussi des artilleurs, des cavaliers, des joueurs de tambour, des chirurgiens…
Son élite est la Garde impériale. Elle totalise environ un million de soldats en 1813.

**Des réformes pour la France**
Avant et après son sacre, Napoléon participe à la modernisation de la France. Il organise les départements et fait nommer des préfets. Il fixe des lois avec le Code civil. Il crée des lycées pour les garçons ainsi qu'une récompense : la légion d'honneur. Mais il met aussi en place un régime autoritaire.
Il renforce le pouvoir de la police et fait contrôler les journaux.

**Carte de l'Empire en 1812**
- Empire français des 130 départements et provinces illyriennes
- États vassaux (famille Bonaparte)
- Protectorats
- États alliés
- Royaume-Unis et ses alliés

En 1805, la bataille d'Austerlitz, aujourd'hui en République tchèque, voit la victoire de Napoléon et de sa Grande Armée.

En 1812, en Russie, 400 000 soldats français appelés « grognards » meurent de froid et de faim ou se noient dans la Berezina.

**La chute de l'Aigle**
Les Français ne veulent plus de l'autorité de l'empereur. L'Empire s'affaiblit. En Europe, la Grande Armée subit des défaites et la campagne de Russie est un désastre. En 1814, la France est envahie par ses ennemis. Napoléon abdique. Il est exilé sur l'île d'Elbe.

**L'exil à Sainte-Hélène**
Napoléon réussit à s'échapper. Cent jours durant, il reprend le pouvoir. Mais le 18 juin, c'est la défaite de Waterloo. Il est exilé à Sainte-Hélène où il meurt en 1821.

# Les p'tits plus

**DÉPUTÉ ET CITOYEN**
Les députés sont les anciens représentants des trois ordres avant la proclamation de l'Assemblée nationale. Après la Révolution de 1789, les anciens sujets du roi deviennent des citoyens et ce sont eux qui vont élire les députés.

**CAMILLE DESMOULINS**

Cet avocat et journaliste prend la parole le 12 juillet 1789 dans les jardins du Palais-Royal, séduisant la foule par ses idées de justice.

**ACADÉMIE FRANÇAISE**
Cette assemblée d'érudits a été créée en 1635 par Richelieu. Ses quarante membres ont pour mission de veiller sur la langue française.

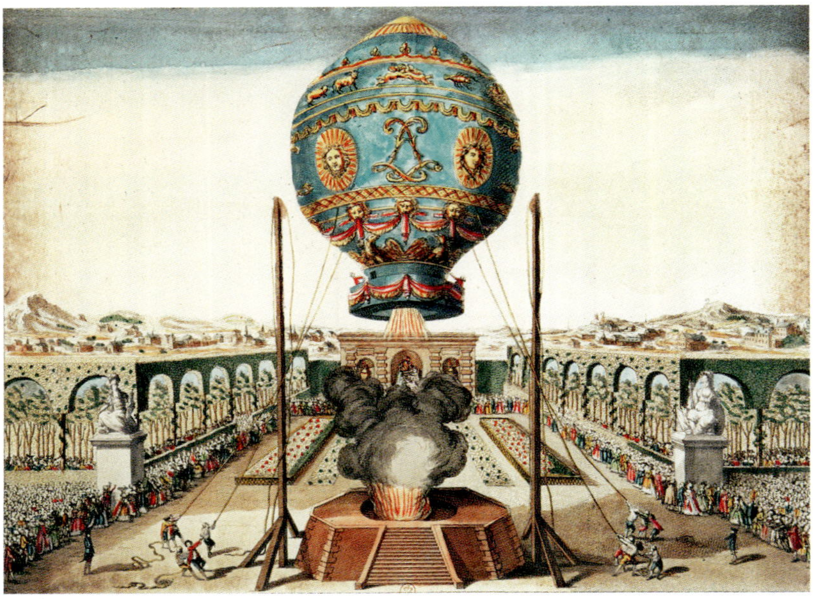

**LES FRÈRES MONTGOLFIER**
Ces deux fabricants de papier peint sont les « pères » des ballons à air : les montgolfières. Ils en font une démonstration le 19 septembre 1783, devant Louis XVI à Versailles. Le vol va durer près de huit minutes !

**LE PREMIER JOURNAL**

Premier journal français, *La gazette* est lancée par Théophraste Renaudot en 1631. Louis XIII écrit lui-même quelques articles dans cet hebdomadaire.

**L'ÉGYPTOLOGIE**

Elle est née au XIXe siècle, après l'expédition de Bonaparte en Égypte. La pierre de Rosette a permis à Champollion de déchiffrer les hiéroglyphes.

**LE 14 JUILLET 1790**
Le premier anniversaire de la prise de la Bastille est fêté en 1790 sur le Champ-de-Mars, en présence de Louis XVI. C'est la fête de la Fédération, qui deviendra fête nationale en 1880.

**LES INVALIDES**
En 1670, Louis XIV décide la construction d'un hôtel à Paris, pour les soldats invalides ou âgés. Son dôme recouvert de feuilles d'or est un chef d'œuvre d'architecture classique.

**LA MARQUISE DE MAINTENON**

Intelligente et pieuse, elle devient la maîtresse de Louis XIV qui l'épouse en secret après la mort de la reine.

**600 000**

C'est le nombre de soldats qui ont combattu sous les ordres de Napoléon pendant la campagne d'Égypte.

**TRISTE FIN POUR MARIE DE MÉDICIS**
Écartée du pouvoir, enfermée un temps à Compiègne par son fils Louis XIII, Marie de Médicis meurt en exil en 1642, ruinée et oubliée de tous.

**PANTAGRUEL ET GARGANTUA**
Au travers des aventures truculentes des géants Gargantua et Pantagruel, Rabelais expose ses idées humanistes.

**LE STYLE EMPIRE**
Cette forme d'art touche l'architecture, la sculpture, l'ameublement, la vaissellerie mais aussi la mode, et a été influencée par les goûts de Napoléon I^er^.

**À TABLE SOUS NAPOLÉON**
Les Français les plus pauvres mangent toujours du pain, de la soupe aux choux parfois avec du lard. Mais la pomme de terre, qui a commencé à être cultivée à la veille de la Révolution, garnit bien des écuelles.

**TOUSSAINT LOUVERTURE**
Ancien esclave, il lutte pour l'indépendance de Saint-Domingue (Haïti) et croit aux idées de liberté de la Révolution. Il est emprisonné par Bonaparte et meurt en France. C'est le premier héros noir.

**MARIE-ANTOINETTE**
La femme de Louis XVI habite au Petit Trianon, une résidence construite dans le parc du château de Versailles. Les Français ne l'aiment pas, car elle dépense des sommes folles. Elle sera guillotinée le 16 octobre 1793.

**JEAN DE LA FONTAINE**
Dans ses célèbres *Fables*, Jean de la Fontaine dépeint les hommes de son époque à travers les aventures d'animaux, dont il tire une morale.

**LÉONARD DE VINCI**

Peintre et formidable inventeur, il est le grand génie de la Renaissance et symbolise la soif de connaissance des hommes de son temps.

**GABRIELLE D'ESTRÉE**
Fou amoureux de cette belle jeune femme, Henri IV l'appelle à la cour et la couvre d'honneurs au point qu'on l'appellera « la Presque Reine ».

**À TABLE À VERSAILLES**
Louis XIV avait un estomac deux fois plus gros que la moyenne. Il faut dire qu'il mange beaucoup. En un repas, il peut avaler quatre assiettes de soupe, un faisan entier, une perdrix, du mouton, du jambon, puis des fruits et des pâtisseries !

**LES SANS-CULOTTES**
Artisans ou commerçants, ils portaient un pantalon rayé et non la culotte des nobles. Pour la liberté et la justice, ils ont participé aux mouvements révolutionnaires jusqu'en 1795.

# L'époque contemporaine

# La France au début du XIX$^{e}$ siècle

À partir de 1815, après l'effondrement de l'Empire, la France est à nouveau gouvernée par des rois. Ces monarques espèrent garder leur pouvoir tout en s'inspirant des idées de la Révolution française. Mais l'année 1848 marque la fin du règne du dernier roi de France.

Le 29 mai 1825, Charles X est sacré dans la cathédrale de Reims.

Ayant pris part aux émeutes, Eugène Delacroix peint *La Liberté guidant le peuple*, témoignage des Trois Glorieuses de 1830.

**Le retour des rois**

Entre 1815 et 1830, c'est le retour de la monarchie, pour une période que l'on nommera: la Restauration. Deux frères de Louis XVI montent successivement sur le trône. Le premier, Louis XVIII signe la Charte constitutionnelle par laquelle il s'engage à respecter les acquis de la Révolution de 1789. Pourtant, dès 1820, il met fin à sa politique libérale. À sa mort, en 1824, Charles X lui succède. En 1825, il se fait sacrer à Reims comme les rois de l'Ancien Régime. Sa politique en faveur du passé et la suppression de la liberté de la presse vont entraîner une révolution en 1830.

**La révolution de 1830**

Le 27 juillet, la police parisienne envahit deux imprimeries pour empêcher l'impression des journaux. Bourgeois, étudiants et ouvriers se rassemblent. Le 28, de nombreuses barricades se dressent dans les rues. La population s'arme et combat contre les troupes royales. Le 29, des émeutiers s'emparent du Louvre et du palais Bourbon. Ces trois journées de juillet 1830, appelées les *Trois Glorieuses*, provoquent le départ de Charles X qui trouvera refuge en Angleterre, puis en Autriche.

Cette gravure montre Louis-Philippe Ier se faisant photographier avant son exil vers l'Angleterre.

**La monarchie de Juillet**

Entre 1830 et 1848, c'est le règne de Louis-Philippe Ier. Pour montrer son attachement au peuple, il abandonne le titre de « roi de France » et devient « roi des Français ». Il ne vit plus comme un monarque mais plutôt comme les bourgeois qui occupent une place de plus en plus importante dans la société. Il fait également remplacer le drapeau blanc par le drapeau tricolore, symbole de la Révolution. Il modifie la Constitution ce qui permet à un plus grand nombre de gens, les plus riches, de voter. Le peuple, quant à lui sans travail et misérable, attend toujours des réformes.

**Le romantisme**

Vers 1820, le romantisme naît en Europe. Ce mouvement regroupe des écrivains, des musiciens, des poètes, des peintres et des sculpteurs. Ils vont introduire plus d'émotion, d'imagination et de sensibilité dans leurs créations. Ils défendent le progrès et demandent plus de liberté.

**Les romantiques français**

Le jeune écrivain et poète Victor Hugo est à la tête du mouvement qui débute sous la Restauration. Parmi les autres grands noms, citons Musset, Sand, Lamartine, Chateaubriand, Dumas, le compositeur Berlioz et les peintres Delacroix, Géricault ou encore Courbet.

La colonne de la Bastille est érigée en souvenir des morts de la Révolution de 1830.

Victor Hugo, l'auteur des *Misérables*, et Alexandre Dumas, le père des *Trois Mousquetaires*, dans une caricature datant de 1838.

## La révolte des Canuts de Lyon

*En 1831, les canuts, ouvriers de la soie, se révoltent. Ils se mettent en grève, car leur salaire est passé de 4 à 6 francs sous l'Empire à 1 franc en 1831. Le travail manuel de ces tisserands est aussi menacé par les métiers à tisser mécaniques. Si ces ouvriers n'obtiennent rien de concret sur le moment, leur action solidaire va montrer que l'on peut s'organiser pour défendre le travail.*

# La seconde République

Cette courte période naît après une révolte. Elle commence le 25 février 1848 et s'achève le 2 décembre 1851. Pendant ces quelques années, le gouvernement qui la dirige prend des décisions importantes. Le peuple croit à la naissance d'un monde meilleur.

**La révolution de 1848**
En février 1848, la nouvelle du renvoi de l'impopulaire président du Conseil Guizot provoque une manifestation de joie devant sa résidence. Effrayés, les soldats en faction tirent sur la foule. Vingt personnes sont tuées et le peuple se soulève aussitôt. Louis-Philippe Ier préfère abdiquer et s'exiler. Il sera le dernier roi en France. Après les journées révolutionnaires des 22, 23 et 24 février, la Seconde République est proclamée.

Gavroche, gamin de Paris, créé et ici dessiné par Victor Hugo.

*La barricade*, tableau d'Ernest Meissonier, retrace toute la violence de la répression contre les insurgés de février 1848.

Contre les canons de l'armée, les insurgés dressent des barricades.

**Le suffrage universel**
La IIe République est proclamée dans la joie et son gouvernement prône la fraternité et les réformes sociales. Parmi ses membres siègent l'écrivain Alphonse de Lamartine et le savant François Arago. L'application du suffrage universel est décidée pour toutes les élections. Mais ce droit de vote n'est attribué qu'aux hommes.

Ce tableau montre la joie des esclaves brisant leurs chaînes après la proclamation de l'abolition de l'esclavage.

**L'abolition de l'esclavage**
Le 27 avril 1848, le gouvernement français décrète l'abolition définitive de l'esclavage dans ses colonies. C'est Victor Schœlcher, sous-secrétaire d'État à la marine, qui défend cette mesure et est à l'origine du texte qui dit : « L'esclavage est une atteinte à la dignité humaine. » Aux Antilles, à la Réunion et au Sénégal, près de 250 000 esclaves retrouvent la liberté. Les planteurs, propriétaires blancs, reçoivent, quant à eux, une indemnité forfaitaire pour la perte de leurs « outils de travail ». Finalement, l'esclavage ne disparaît pas tout de suite.

**Des chantiers pour les ouvriers**
Pour résorber le chômage et donner du travail aux plus pauvres les républicains décident de créer des Ateliers nationaux. Ce sont de grands chantiers, comme la construction de gares, pour lesquels ils s'engagent à payer, nourrir et soigner les ouvriers qui y participeront. Des milliers de provinciaux viennent rejoindre les ouvriers parisiens. Les chantiers démarrent dans la joie. Mais très vite, le gouvernement réalise que ces ateliers coûtent trop cher. Ils seront dissous le 21 juin 1848 entraînant une insurrection réprimée dans le sang.

**Le premier président**
Le gouvernement de la IIe République devient autoritaire et abandonne les réformes sociales. Un homme en profite pour se faire élire président. Le 2 décembre 1848, Louis Napoléon Bonaparte devient président de la République.

Louis Napoléon Bonaparte

## Des révolutions en Europe

*Entre février et juin 1848, des révoltes éclatent à Prague, Berlin, Milan, Vienne. Ceux qui y participent demandent plus de liberté, de démocratie, de justice, parfois même l'indépendance de leur pays face à une grande puissance. Au début, ces révoltes semblent triompher. Finalement elles s'achèvent dans le sang. On a appelé ces événements « le printemps des peuples ».*

# Sous le second Empire

Pendant dix-huit ans, de 1852 à 1870, Napoléon III est à la tête de la France. Ce régime est bien accueilli par les Français qui se souviennent de Napoléon Ier. Les campagnes et les villes se transforment. La vie des Français s'améliore grâce à l'économie qui prospère.

Ce portrait équestre illustre la passion de Napoléon III pour les chevaux.

**Le retour de l'empire**
Pour conserver le pouvoir plus longtemps, le prince président Louis-Napoléon Bonaparte fait d'abord un coup d'État. Un an plus tard, en 1852, il rétablit l'Empire. C'est la fin de la IIe République. Il devient l'empereur Napoléon III. Napoléon II, le fils de Napoléon Ier, avait gouverné quelques jours après l'abdication de son père en 1814.

**Qui est l'empereur Napoléon III ?**
Neveu de Napoléon Ier, Napoléon III est né à Paris en 1808. Après la chute du premier Empire, il est exilé en Suisse. Pendant toute son enfance, il sera éduqué dans le culte de son oncle. La révolution de 1848 favorise son retour en France où il est élu président en décembre de la même année. Le 2 décembre 1852, il restaure l'Empire, puis épouse Eugénie de Montijo en 1853. Trois ans plus tard, un héritier naît et 6 000 personnes participent à son baptême. Au début, l'empereur gouverne avec autorité puis, petit à petit, il va accorder plus de liberté. En 1870, Napoléon III et sa famille seront obligés de quitter la France et de s'exiler en Angleterre.

## Photos impériales

*Pendant des siècles, beaucoup de gens n'ont jamais vu le portrait de leurs souverains. En 1858, les cartes à l'effigie de Napoléon III se vendront par centaines dans tout Paris. Il sera le premier à utiliser les services d'une nouvelle invention, la photographie.*

**Long de 162 kilomètres et large de 54 mètres, le canal de Suez en Égypte relie la mer Rouge à la Méditerranée.**

### Priorité aux affaires

Le développement économique est une priorité. Les ports sont aménagés et de nouvelles compagnies de navigation sont créées, assurant des liaisons maritimes d'un continent à un autre. De nouveaux établissements bancaires voient également le jour et une grande bourgeoisie d'affaires se développe. Un projet français remporte un grand succès en Égypte. C'est la construction du canal de Suez inauguré en 1869, par l'impératrice Eugénie.

**Le train à vapeur va devenir le principal moyen de transport sur longues distances pour les hommes, mais aussi pour les marchandises.**

**Louis Pasteur, créateur de la bactériologie et de la microbiologie.**

### Encourager les sciences

Napoléon III encourage la recherche en donnant de l'argent. Il suit avec attention les travaux de Louis Pasteur qui étudie la fermentation du lait, du vin, de la bière et trouve une méthode pour détruire les microbes. En 1879, il découvre également le vaccin contre la rage. Ces travaux favorisent les progrès de la médecine et de l'hygiène.

### L'essor du chemin de fer

La première ligne de chemin de fer française est ouverte en 1829 et relie Saint-Étienne à une commune des bords de Loire. Sous le second Empire, le réseau ferré se développe. Entre 1848 et 1870, il passe de 2000 à 18000 kilomètres. L'équipement ferroviaire entraîne la production de tonnes d'acier, ce qui favorise l'essor de la sidérurgie.

# Les métamorphoses de Paris

Sous le second Empire, Paris se transforme, s'embellit et attire les provinciaux en quête de travail, mais aussi les étrangers. De vastes chantiers s'ouvrent dans la capitale, orchestrés par Napoléon III. Paris devient synonyme de fêtes et symbole de la France.

**De grands travaux d'urbanisme**
En 1850, la gare de l'Est est inaugurée, mais Paris reste une ville aux rues étroites, mal éclairées et aux logements insalubres. À la demande de l'empereur, le baron Haussmann, préfet de la Seine, dirige les travaux de transformation. De vieilles bâtisses sont détruites et remplacées par des immeubles. On perce des boulevards pour embellir la ville et empêcher aussi l'élévation de barricades. Parcs, jardins et squares sont aménagés et la construction d'un réseau d'égouts est entreprise. En 1860, Paris va aussi doubler de superficie en annexant dix-huit communes limitrophes.

Les maisons du Moyen Âge sont abattues, et Paris s'embellit de boulevards qui débouchent sur des places et des carrefours.

Devant l'Opéra Garnier inauguré en 1875, s'étend une place offrant un point de vue exceptionnel sur sa façade ornée de statues.

**Un Opéra pour le chant lyrique**
Entre 1861 et 1875, l'Opéra Garnier est construit. Sa façade ornée de sculptures, son grand escalier, son foyer, sa grande salle sont décorées de riches matériaux. Ses loges sont louées à l'année par des gens fortunés.

**Des Expositions universelles**
Paris accueille deux grandes Expositions universelles. La première a lieu en 1855. Objets techniques, objets d'art et d'industrie sont exposés. Celle de 1867 va recevoir, pour la première fois, des peuples des colonies.

**Draperie, mercerie, bonneterie, dentelles et soieries : on trouve de tout dans les « magasins de nouveautés » !**

**La naissance des grands magasins**

Le premier grand magasin, *Le Bon Marché*, ouvre à Paris en 1852. Pour la première fois, les prix sont affichés et les clients peuvent circuler entre les rayons sans acheter et échanger leurs marchandises. La vente par correspondance remporte un grand succès.

## La mode des crinolines

*L'impératrice Eugénie adore les crinolines. Les robes se font donc volumineuses, avec leurs jupons articulés par ces cercles d'acier. Les femmes en changent plusieurs fois par jour. Elles portent des robes à crinoline pour le bal : le principal divertissement sous le second Empire. Le carnet de bal, l'éventail ou l'ombrelle sont les accessoires indispensables de ces robes incroyables.*

**Peint en 1863, *Le déjeuner sur l'herbe* d'Édouard Manet déchaîne la critique et provoque le scandale.**

**Paris et les artistes**

Sous le second Empire, certains peintres laissent de côté la peinture académique et se tournent vers une peinture plus réaliste. Ces artistes représentent des paysans dans les champs, des hommes à l'usine, des scènes familiales. Leurs travaux sont souvent refusés aux expositions officielles. Ces artistes s'appellent Millet, Courbet, Renoir ou encore Manet qui fait scandale, en 1863, avec son *Déjeuner sur l'herbe*.

# Les débuts de la III$^{e}$ République

En 1870, la guerre franco-prussienne entraîne la chute de Napoléon III et du second Empire. La Troisième République est proclamée. Elle démarre dans un bain de sang lors de la Commune de Paris, la dernière grande révolution parisienne.

**La fin du second Empire**
En 1870, Guillaume I$^{er}$ de Prusse tente de placer un des membres de sa famille sur le trône d'Espagne. La France s'y oppose. La situation s'envenime et, le 15 juillet 1870, la France déclare la guerre à la Prusse. Les défaites se succèdent, et le 2 septembre, Napoléon III est battu à Sedan dans les Ardennes et capitule face à un ennemi militairement plus puissant. Cette défaite va provoquer la chute de l'Empire, l'exil de Napoléon III en Angleterre ainsi que la proclamation de la III$^{e}$ République, le 4 septembre. Un gouvernement national dirigé par Léon Gambetta s'organise pour résister à l'ennemi prussien.

Après la bataille de Sedan, en 1870, l'infanterie prussienne pose fièrement devant les restes d'une forteresse bombardée.

Le 7 octobre 1870, Léon Gambetta quitte Paris en ballon pour rejoindre la ville de Tours.

**Paris encerclé par les Prussiens**
Le 19 septembre, les Prussiens atteignent Paris et l'encerclent. Chaque jour, ils bombardent la capitale avec leurs canons. Pour organiser une résistance en province, Gambetta quitte Paris à bord d'un ballon. Pendant ces mois d'occupation, les Parisiens souffrent du froid et de la faim. Ils sont même amenés à manger des chats et des rats. Finalement, en janvier 1871, le gouvernement de Gambetta demande aux Prussiens d'arrêter les combats. C'est à nouveau l'armistice. L'Alsace et une partie de la Lorraine sont cédées à la Prusse.

## Au cœur du Père-Lachaise

*Lors des derniers combats, les communards se réfugient dans le cimetière du Père-Lachaise. Des hauteurs de Montmartre, ils sont bombardés par les canons des troupes du gouvernement. Eux ripostent avec leurs dix canons. Au moment de l'assaut final, faute de munitions, les communards vont se battre à l'arme blanche entre les sépultures. Il n'y aura pas de survivants.*

### La Commune de Paris

Les Parisiens refusent la capitulation, une trahison pour eux. De plus, la nouvelle assemblée renonce à revenir dans la capitale. C'est la révolte. Les Parisiens élisent une assemblée qui prend le nom de « Commune de Paris ». Parmi ces communards, on compte des bourgeois, des artisans, des ouvriers. Tous adoptent le drapeau rouge comme emblème. Ils demandent un salaire plus juste, des libertés, le droit de se réunir et plus de droits pour les femmes.

En 1871, les troupes des Versaillais commandées par Mac Mahon affrontent les communards devant l'Hôtel de Ville de Paris, en feu.

Louise Michel, institutrice et révolutionnaire, sera déportée en Nouvelle-Calédonie.

### 72 jours de combat

La Commune de Paris démarre à Montmartre, puis s'étend à d'autres arrondissements. Elle dure du 18 mars au 28 mai 1871. Le chef du gouvernement, Adolphe Thiers, réfugié à Versailles, contre-attaque par l'envoi de troupes à Paris. Bientôt la capitale est à feu et à sang. Des symboles du pouvoir, comme le château des Tuileries, sont incendiés et détruits par les communards.

### Une terrible répression

Le bilan est effroyable : 20 000 communards sont morts, souvent fusillés, et 30 000 personnes ont été arrêtées dont de très jeunes gens. De plus, 10 000 hommes et femmes sont obligés de quitter la France. Beaucoup sont déportés en Nouvelle-Calédonie et condamnés aux travaux forcés. Les révoltes en province ont été écrasées. Le mouvement ouvrier est arrêté net.

Le 28 mai 1871, les « Fédérés » qui ont survécu à l'attaque des Versaillais au Père-Lachaise sont fusillés contre un des murs du cimetière. En mémoire de ces derniers combattants, ce mur est appelé depuis « le mur des Fédérés ».

# La IIIe République s'impose

La IIIe République est une très longue période de l'histoire de France (1870-1940). Entre 1870 et 1914, la vie politique du pays s'organise. L'éducation devient une priorité. Des lois, des techniques et des machines bouleversent la vie des Français.

**Une nouvelle république**
La IIIe République ne démarre vraiment qu'en 1875. Des lois définissent mieux le rôle du président de la République, élu pour sept ans. Le pouvoir législatif est exercé par la Chambre des députés, au palais Bourbon, et par le Sénat, au palais du Luxembourg. C'est un régime parlementaire. Celui-ci met fin à l'instabilité qui régnait depuis la Révolution française. Cette nouvelle République va être le régime de la France jusqu'en 1940.

***La Marseillaise*, avec Marianne sur cette partition, accompagne les manifestations officielles.**

**L'affaire Dreyfus**
En 1894, un officier israélite est accusé d'espionnage pour avoir vendu des documents militaires aux Allemands. Il est jugé, dégradé, puis condamné au bagne. Pendant des années, l'affaire fait la « une des journaux ». Elle divise les familles. Elle devient politique. Des intellectuels dont Émile Zola se mobilisent en faveur de la révision de ce procès. Le vrai traître sera enfin découvert. En 1906, le capitaine est gracié et réhabilité dans l'armée. Cette affaire a favorisé le développement de l'antisémitisme, mais a aussi attesté du rôle important de la justice.

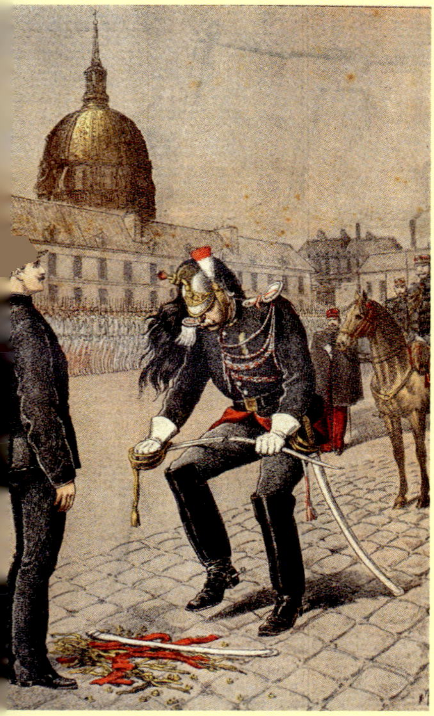

**En 1895, le capitaine Dreyfus voit son sabre brisé. Il est dégradé et radié de l'armée.**

**Des symboles de la République**
En 1880, le 14 Juillet est proclamé fête nationale et célébré par des bals, des défilés et des feux d'artifice. *La Marseillaise* est l'hymne national. Le coq gaulois devient un symbole de la France, et Vercingétorix et Marianne, des héros nationaux. Des lois votées à l'époque sont encore appliquées aujourd'hui.

**La tour Eiffel, haute de 324 mètres et reine de la capitale, devait être démolie après l'Exposition universelle de 1889.**

| 1870 | 1880 | 1881 | 1882 |
|---|---|---|---|
| Début de la IIIe République. | Les premiers lycées de jeunes filles sont créés. | La loi de la liberté de la presse est votée. | L'école primaire est laïque, gratuite et obligatoire. |

Le pavillon de l'électricité et ses milliers d'ampoules est une des grandes attractions de l'Exposition universelle de 1900 à Paris.

**Électricité et pétrole**

À la fin du XIX$^e$ siècle, la production industrielle de l'électricité prend son essor. Elle sert d'abord à actionner les machines et remplace la vapeur. Elle commence à éclairer les rues. Elle accompagne la naissance du télégraphe, puis du téléphone, et équipe les immeubles modernes parisiens. Mais dans les campagnes, on s'éclaire toujours à la lampe à pétrole. La production du pétrole bénéficie de l'invention du moteur à explosion qui équipe les toutes premières automobiles.

**L'architecture de fer**

Sous la III$^e$ République, le fer devient essentiel. Il va servir à la construction de ponts, d'usines, de gares, de serres ou de halles. On l'associe souvent au verre. La tour Eiffel en est le symbole triomphant.

**L'impressionnisme**

Ce mouvement naît en 1874 et le tableau *Impression, soleil levant* en est à l'origine. Les artistes peignent en plein air et, par petites touches rapides de peinture, ils cherchent à capter la lumière et à saisir des scènes instantanées. Monet, Renoir et Degas en sont les plus célèbres représentants.

Reflets du soleil sur l'eau, grues et cheminées évoquent le port du Havre dans le tableau de Claude Monet, *Impression, soleil levant*.

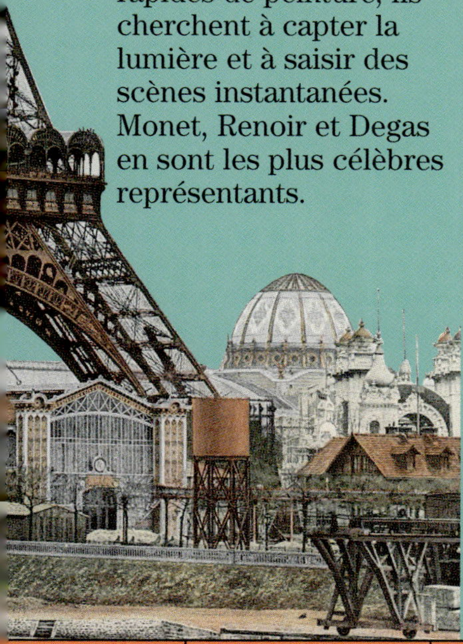

**Une santé fragile**

*À la fin du XIX$^e$ siècle, la médecine et l'hygiène font un bond en avant, et les salles d'opération sont mieux équipées. Toutefois, plus de 100 enfants sur 1 000 décèdent avant l'âge de 1 an. La majorité des bébés naissent encore à la maison. Des maladies comme la coqueluche, la rougeole sont encore très dangereuses. En 1900, l'aspirine est utilisée pour la première fois.*

**1888** Van Gogh peint sa *Chambre à coucher*, un célèbre tableau.

**1898** La Ligue des droits de l'homme est fondée.

**1900** La première ligne de métro est ouverte à Paris.

**1911** Marie Curie reçoit le prix Nobel de chimie.

**1914** Début de la Première Guerre mondiale.

# La France des colonies

Au XIX^e siècle, sous la III^e République, la France fonde un empire colonial, comme la Grande-Bretagne, l'Allemagne et la Belgique. En 1914, ces grandes puissances se partagent le globe. Elles contrôlent 90 % de l'Afrique et sont influentes en Asie.

Au XIX^e siècle, les cartes postales montrent les richesses des colonies comme ici au Tonkin, en Indochine.

**Colons et indigènes**
Vers 1800, la France est encore une petite puissance coloniale. Elle ne possède que quelques territoires hors de ses frontières. Les Français qui partent s'installer sur ces territoires sont appelés les colons et leurs habitants sont appelés les indigènes.

L'armée française en action lors de la conquête d'Alger.

**Des territoires hors de France**
Au début du XIX^e siècle, la France possède des comptoirs commerciaux aux Indes et dans le golfe de Guinée. En 1815, l'île de Saint-Pierre-et-Miquelon devient française. La colonisation s'accélère sous la Restauration et le second Empire, époque à laquelle la France s'implante en Extrême-Orient et en Indochine. En 1895, Madagascar devient une colonie française. La Guadeloupe, la Nouvelle-Calédonie, la Martinique, la Réunion et la Guyane, occupées dès le XVII^e siècle, deviendront, bien plus tard, des départements ou des territoires français d'outre-mer.

**La conquête de l'Afrique du Nord et de l'Ouest**
À partir de 1830, la France s'intéresse à l'Afrique du Nord. Des soldats français débarquent en Algérie et s'emparent d'Alger. Ils s'attaquent aux populations, tuent leur bétail, dévastent les récoltes et les plantations d'oliviers. L'Algérie est conquise en 1847 et partagée en départements. Puis, la France s'intéresse au Maroc et à la Tunisie, mais laisse une partie du pouvoir à ses chefs. Enfin, elle établit sa souveraineté en Afrique de l'Ouest, comme au Sénégal et en Côte-d'Ivoire. En 1870, la France est la deuxième puissance coloniale au monde, après l'Angleterre.

Madagascar, île de l'océan indien, est « annexée » en 1896. Ici, un colon français montre à des Malgaches comment tailler des fleurs.

**Les colons français**
Au début, ils sont peu nombreux. Ils sont militaires, commerçants ou missionnaires et partagent la vie des indigènes. Puis, la France s'intéresse aux matières premières des colonies afin d'alimenter son industrie. En Algérie, les meilleures terres sont réquisitionnées pour la culture de la vigne. Des routes et des ponts sont construits. Dans les écoles, on enseigne l'histoire de France. Les indigènes sont alors souvent obligés d'abandonner leurs traditions et d'adopter celles des Français.

**Le partage de l'Afrique**
À la conférence de Berlin, en 1885, les représentants des puissances coloniales européennes se partagent l'Afrique. Aucun d'eux ne connaît ce continent et surtout, aucun Africain ne participe à cette réunion.

Une caricature d'époque montre la France et la Grande-Bretagne, se disputant lors du partage de l'Afrique à la conférence de Berlin.

Le corps des tirailleurs sénégalais est créé en 1857. Les recrues viennent de l'ensemble des colonies françaises d'Afrique de l'Ouest.

**L'Afrique avant la guerre**
Vers 1910, les indigènes sont intégrés à la France sans obtenir les mêmes droits que les Français. En France, lors des grandes expositions parisiennes, on a déjà découvert ces peuples des colonies, la plupart du temps exposés comme des animaux exotiques. Certains indigènes sont également enrôlés dans l'armée et, au moment de la Première Guerre mondiale, le gouvernement français va bien évidemment les déclarer volontaires pour aller combattre en France.

# La révolution industrielle

Le XIXe siècle est caractérisé par cette nouvelle révolution. Timide en France, elle s'accélère au fil du temps. Les nouvelles techniques et les machines modernes bouleversent la vie des hommes, révolutionnent les transports et la production dans les grandes usines.

Un marteau-pilon, dont le poids atteint les 500 tonnes, frappe la fonte sortie du four pour la rendre plus homogène et l'affiner.

**À toute vapeur**
Pendant des siècles, l'eau, le vent, les animaux et les hommes ont actionné les machines. Au XIXe siècle, ce sont les machines à vapeur alimentées au charbon qui sont le moteur de la révolution industrielle. Elles peuvent pomper l'eau dans les galeries des mines de charbon ou servir de chaudières pour actionner les locomotives. Les bateaux à vapeur remplacent les navires à voiles. Vers 1860, les métiers à tisser fonctionnent aussi grâce aux machines à vapeur. Peu à peu, cette énergie va transformer les conditions de travail et de transports et accélérer le développement économique.

**Métallurgie et sidérurgie**
Grâce à la production de machines, on extrait le charbon et le minerai de fer. On en produit ensuite la fonte que la sidérurgie va transformer en fer et en acier. Le chemin de fer en utilise, non seulement pour les locomotives, mais aussi pour les voies ferrées : un seul kilomètre de voie nécessite 200 tonnes d'acier. Enfin le fer et l'acier sont nécessaires dans la construction des gares, des ponts, des tunnels… Il sert même à fabriquer les boutons de vestes des cheminots !

*Une forge* de Fernand Cormon représente les étapes du travail du fer.

**Le développement des usines**

Peu à peu, de grands établissements naissent. Ce sont les fabriques et les usines. Certaines se concentrent dans le Nord-Pas-de-Calais, la Lorraine, la Loire ou l'Aveyron. La fumée des cheminées évoque la présence de la grande industrie. À partir de 1860, des usines se spécialisent dans tous les domaines : le textile, la métallurgie, la chimie, l'imprimerie, la papeterie, la verrerie, la chocolaterie et, plus tard, l'automobile.

Aux portes de Paris, ici à Argenteuil, les fabriques s'installent au bord de la Seine et fascinent les peintres comme Gustave Caillebotte.

Cette caricature illustre le triomphe du capitalisme : l'ouvrier enchaîné tracte une machine infernale dirigée par le patron.

**La naissance du capitalisme**

La révolution industrielle transforme l'économie. De petits patrons deviennent industriels, bâtissent des fortunes et placent leur argent en Bourse. Maîtres absolus dans leurs usines, ils forment une nouvelle classe que l'on appelle « la grande bourgeoisie ». Ils sont à l'origine d'un système économique appelé « capitalisme ». Certains d'entre eux, se sentant responsables de leurs ouvriers, vont construire des logements, des centres de soins et aussi des écoles pour les enfants de leur personnel.

Dans le nord de la France, d'anciennes filatures sont aujourd'hui des logements sociaux.

**LA MACHINE RÉVOLUTIONNE LE TEMPS DES TRANSPORTS**

❶ En 1825, une locomotive à chaudière à vapeur transporte les premiers passagers à la vitesse de 60 km/h.

❷ En 1850, une locomotive à vapeur atteint 120 km/h.

❸ En 1900, la ligne n° 1 du métro parisien souterrain fonctionnant à l'électricité est inaugurée.

❹ En 1981, le TGV bourré d'électronique atteint la vitesse record de 381 km/h.

# Les enfants au XIXe siècle

Au XIXe siècle, la vie des enfants va changer. Beaucoup vont partir travailler à l'usine, aux rythmes des machines. Mais sous la IIIe République, certains quittent le monde du travail pour s'installer sur les bancs de l'école, et apprendre à lire, écrire et compter.

À la campagne, on confie souvent aux enfants le tressage des paniers en osier.

**À la campagne et à la ville**

Au XIXe siècle, neuf enfants sur dix vivent à la campagne. Les petits paysans participent aux travaux des champs. Dès l'âge de 6 ans, garçons et filles gardent les troupeaux, récoltent les betteraves, ramassent du bois, vont chercher de l'eau, participent à la moisson. Les gamins des villes travaillent dans la rue ou chez un artisan. Ils sont porteurs d'eau, cireurs de chaussures ou alors ramoneurs. Beaucoup vivent de mendicité.

Sur les boulevards, les fillettes vendent des bouquets de fleurs, et les garçons, des journaux.

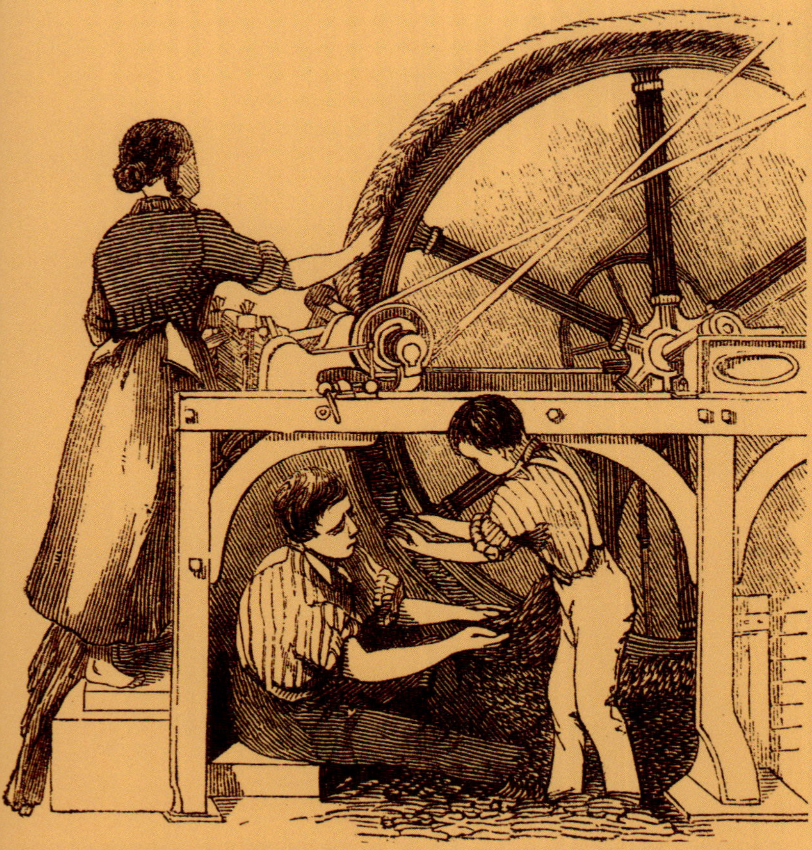

Dans les usines textiles, les enfants se glissent sous les machines en mouvement pour les réparer, ou pour rattacher ou nouer des fils.

**En route vers l'usine**

L'essor de la révolution industrielle va bouleverser la vie des enfants. Dès 1848, des familles entières quittent la campagne pour les villes. Le salaire des parents ne suffisant pas pour vivre, les enfants trouvent du travail dans les forges, les verreries et dans les mines. Certains vont aussi travailler dans l'industrie textile, la première industrie du pays. Ils sont affectés dans les manufactures de laine, de soie et surtout de coton dont la principale production sont les draps et les vêtements. Ces enfants travaillent 15 heures par jour, pour 45 centimes, et se rendent à l'usine six jours et demi par semaine.

**Une salle de classe au XIXe siècle**

**L'école comprend deux classes bien séparées : une de filles, une de garçons. On compte parfois cinquante écoliers par classe.**

**❶ La carte de France avec, en violet, symbole de deuil, l'Alsace-Lorraine perdue par la France contre la Prusse en 1871.**

**❷ Le matin, le maître écrit une phrase de morale sur le tableau. Elle invite à respecter la France, la famille et ses camarades.**

**❸ Ce petit placard mural renferme des instruments de géométrie et du matériel pour peser et mesurer.**

**❹ Les garçons ont le crâne rasé ou presque pour lutter contre les poux. Ils portent un sarrau, un tablier qui se boutonne.**

**❺ Le poêle chauffe la classe et la gamelle des enfants en hiver, car il n'y a pas de cantine. Un pot d'eau humidifie l'air.**

**❻ Un encrier en porcelaine est placé dans un trou du pupitre. Les enfants y plongent leur porte-plume pour écrire.**

**❼ Une affiche explique comment lutter contre une grave maladie, la tuberculose.**

## Des métiers dangereux

*Les enfants sont exploités. On profite de leur souplesse et de leur petite taille pour leur faire exécuter des travaux pénibles et dangereux. Ceux qui peignent la laine souffrent de problèmes respiratoires. Ceux qui se faufilent sous les machines à tisser en mouvement pour rattacher les fils se font couper des doigts. Parfois aussi ils sont battus.*

### Des voix s'élèvent

Les médecins qui se rendent dans les usines vont découvrir les conditions de travail des enfants. Ils visitent aussi les maisons des ouvriers et se rendent compte que ces enfants souffrent de faim et de malnutrition. En 1841, une loi interdit le travail des enfants de moins de 8 ans à l'usine. Il faudra du temps avant qu'elle ne soit respectée.

### L'école de la République

En 1882, avec le ministre de l'Instruction publique, Jules Ferry, l'école devient laïque, gratuite et obligatoire pour tous les enfants âgés de 6 à 13 ans. Beaucoup vont quitter le monde du travail pour apprendre à lire et à écrire en français. En effet, les langues régionales et les patois y sont interdits.

# Le monde ouvrier

Au milieu du XIXe siècle, paysans, ouvriers artisans et ouvriers d'usines vivent côte à côte. Leur journée démarre au son de la cloche ou de la sirène et les conditions de travail sont extrêmement dures. Le socialisme et le syndicalisme ne vont pas tarder à apparaître.

Dans le nord et l'est du pays, l'industrie textile prend son essor grâce à l'automatisation des métiers à tisser.

**Des visage contrastés**

Au XIXe siècle, la majorité des Français vit encore de l'agriculture. Les ouvriers sont encore peu nombreux. Beaucoup travaillent chez des artisans. D'autres sont ouvriers à domicile à la ville ou à la campagne. Le travail peut aussi se faire à la maison, avec femme et enfants, pour le compte d'un patron. Les plus chanceux cultivent un bout de jardin qui les nourrit. Petit à petit, les usines vont commencer à attirer le flot des travailleurs.

## Les distractions des ouvriers

*Les ouvriers travaillent dur, sont solidaires et savent se divertir. Les mineurs jouent de la musique, élèvent des colombes. Ils tirent à l'arbalète. Au début du XXe siècle, ils jouent au football, un sport qui démarre. D'autres font de la boxe. Dans l'industrie textile, des femmes font la fête au moment du printemps. Les uns et les autres adorent aussi chanter.*

**Les ouvriers d'usine**

Les jeunes gens de la campagne commencent à être embauchés dans les mines et dans des ateliers pour travailler sur des machines dans l'industrie textile. Parfois, ils ne travaillent que quelques jours et, entre deux passages à l'usine, ils sont saisonniers agricoles. Les femmes, quant à elles, sont le plus souvent ouvrières dans l'habillement.

**Au milieu du XIXe siècle, les ouvriers pauvres et sans travail se réchauffent d'une soupe maigre tandis qu'une famille bourgeoise, bien installée dans une maison confortable, peut apprécier un repas copieux servi par ses domestiques.**

## Des conditions de vie très dures

Le nombre d'ouvriers va très vite augmenter. Dans le nord de la France, où se concentrent de grandes industries, certains habitent des logements insalubres, vivent dans la promiscuité et ne mangent pas à leur faim. Les cadences de travail sont infernales et atteignent 15 heures par jour. Ceux qui travaillent dans les conditions les plus dures en usine meurent avant l'âge de 40 ans.

## Des lois du travail

Au début de la révolution industrielle, les ouvriers n'ont aucun droit, la grève est illégale et se réunir en association est interdit. Certains bravent le danger, et meurent sous les balles de la police. Puis, des lois sociales sont votées. En 1864, le droit de grève n'est plus un délit. En 1884, la loi Waldeck-Rousseau légalise les syndicats qui vont enfin défendre les travailleurs.

## La naissance du socialisme

Ce mouvement politique réunit des personnes souhaitant plus de justice, d'égalité et de solidarité entre les citoyens. Ces idées deviennent influentes auprès des ouvriers et, en 1905, un homme politique est le porte-parole de ce mouvement. C'est Jean Jaurès.

**Le droit de grève**
**Les mineurs du Creusot sont en grève en 1870 : leur salaire a diminué !**

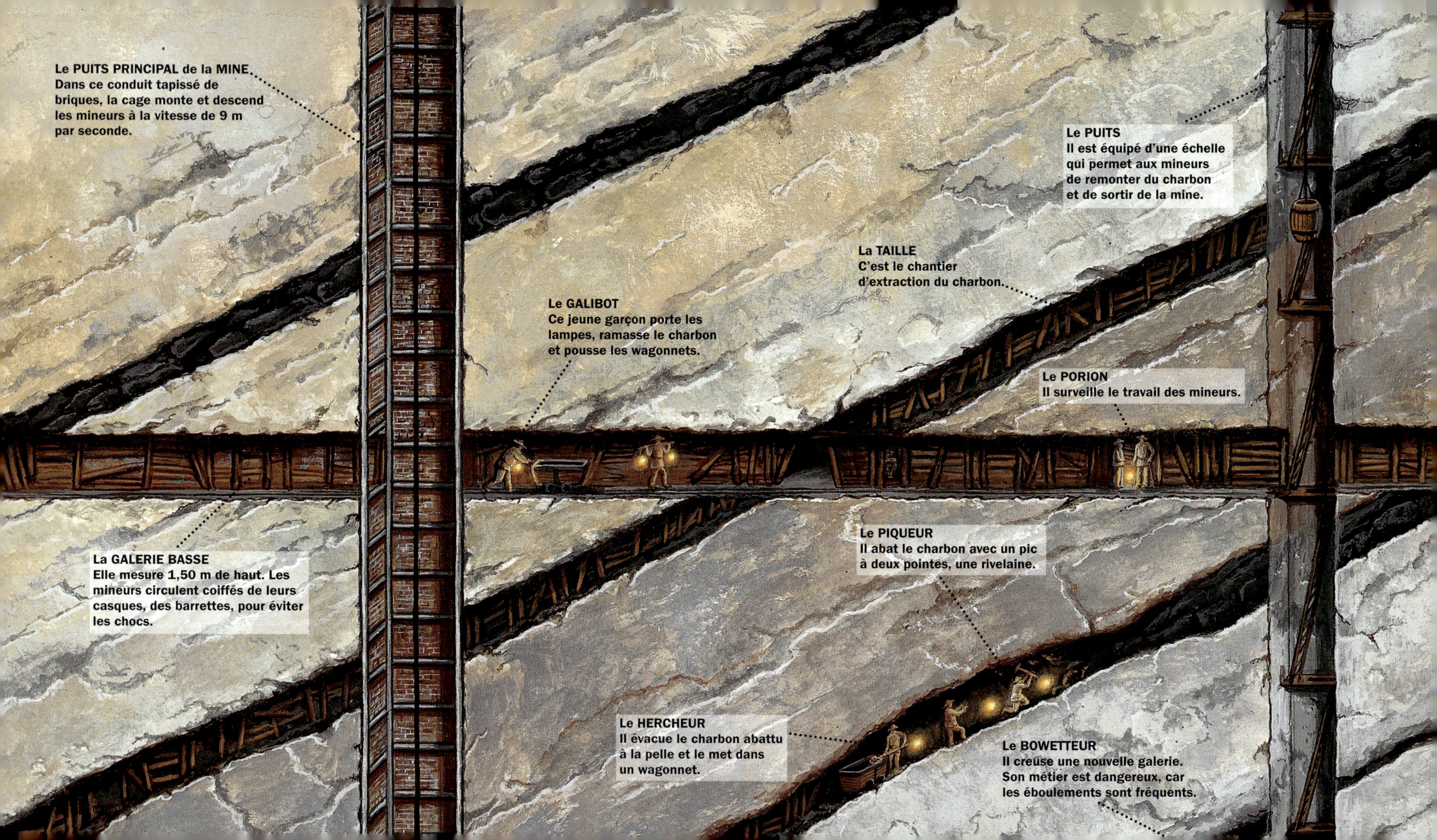
Le PUITS PRINCIPAL de la MINE
Dans ce conduit tapissé de briques, la cage monte et descend les mineurs à la vitesse de 9 m par seconde.
La GALERIE BASSE
Elle mesure 1,50 m de haut. Les mineurs circulent coiffés de leurs casques, des barrettes, pour éviter les chocs.
Le GALIBOT
Ce jeune garçon porte les lampes, ramasse le charbon et pousse les wagonnets.
Le HERCHEUR
Il évacue le charbon abattu à la pelle et le met dans un wagonnet.
La TAILLE
C'est le chantier d'extraction du charbon.
Le PIQUEUR
Il abat le charbon avec un pic à deux pointes, une rivelaine.
Le PORION
Il surveille le travail des mineurs.
Le PUITS
Il est équipé d'une échelle qui permet aux mineurs de remonter du charbon et de sortir de la mine.
Le BOWETTEUR
Il creuse une nouvelle galerie. Son métier est dangereux, car les éboulements sont fréquents.

Les TERRILS
Ces collines sont formées par des milliers de tonnes de déchets d'extraction de charbon et atteignent parfois plus de 100 m de haut.
Le CHEVALEMENT
Il est placé au-dessus du puits. Câbles et roues actionnent une cage qui monte et descend les mineurs vers les galeries.
Les TRIEUSES
Ce sont des femmes qui séparent à la main le charbon des déchets.
Le CHEMIN DE FER
Des locomotives à vapeur tractent les wagonnets remplis de charbon et les acheminent vers des usines.

Le CARREAU
Il comprend la cour et les bâtiments de la mine.
Les BUCHERONS
Ils enlèvent les écorces des troncs d'arbres. Ces bois servent à consolider les galeries et les tailles.
L'INFIRMERIE
Un médecin y examine les mineurs avant leur embauche et soigne les blessés en cas d'accident.
La SALLE des PENDUS
C'est un vestiaire où le mineur accroche ses vêtements et les pend au plafond.
La LAMPISTERIE
Le mineur y reçoit une lampe numérotée avant de descendr
Quand il remonte, il la rend.
Une lampe manquante indiqu
que le mineur est resté au fon

# Au fond de la mine

Au XIXe siècle, le Nord-Pas-de-Calais est la première région minière de France. La vie de milliers de familles dépend de l'extraction d'un minerai, le charbon. Ce combustible alimente les machines des grandes industries et sert de carburant aux locomotives à vapeur.

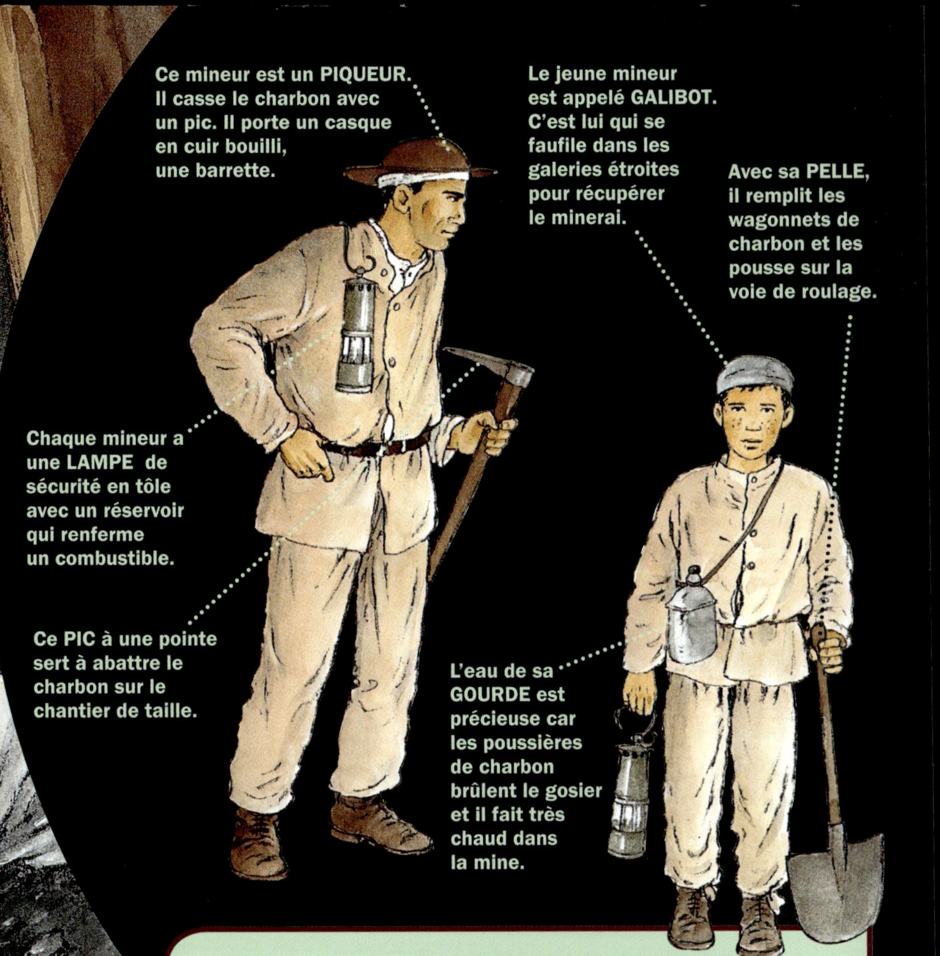


## Mineur : une histoire de famille

*Souvent d'anciens paysans, les mineurs sont appelés « les gueules noires ». Les conditions de travail sont très dures avec parfois des accidents mortels. Les plus jeunes ont douze ans, travaillent huit heures par jour, six jours par semaine, comme les adultes. Leurs mères et leurs sœurs sont trieuses de déchets de charbon.*

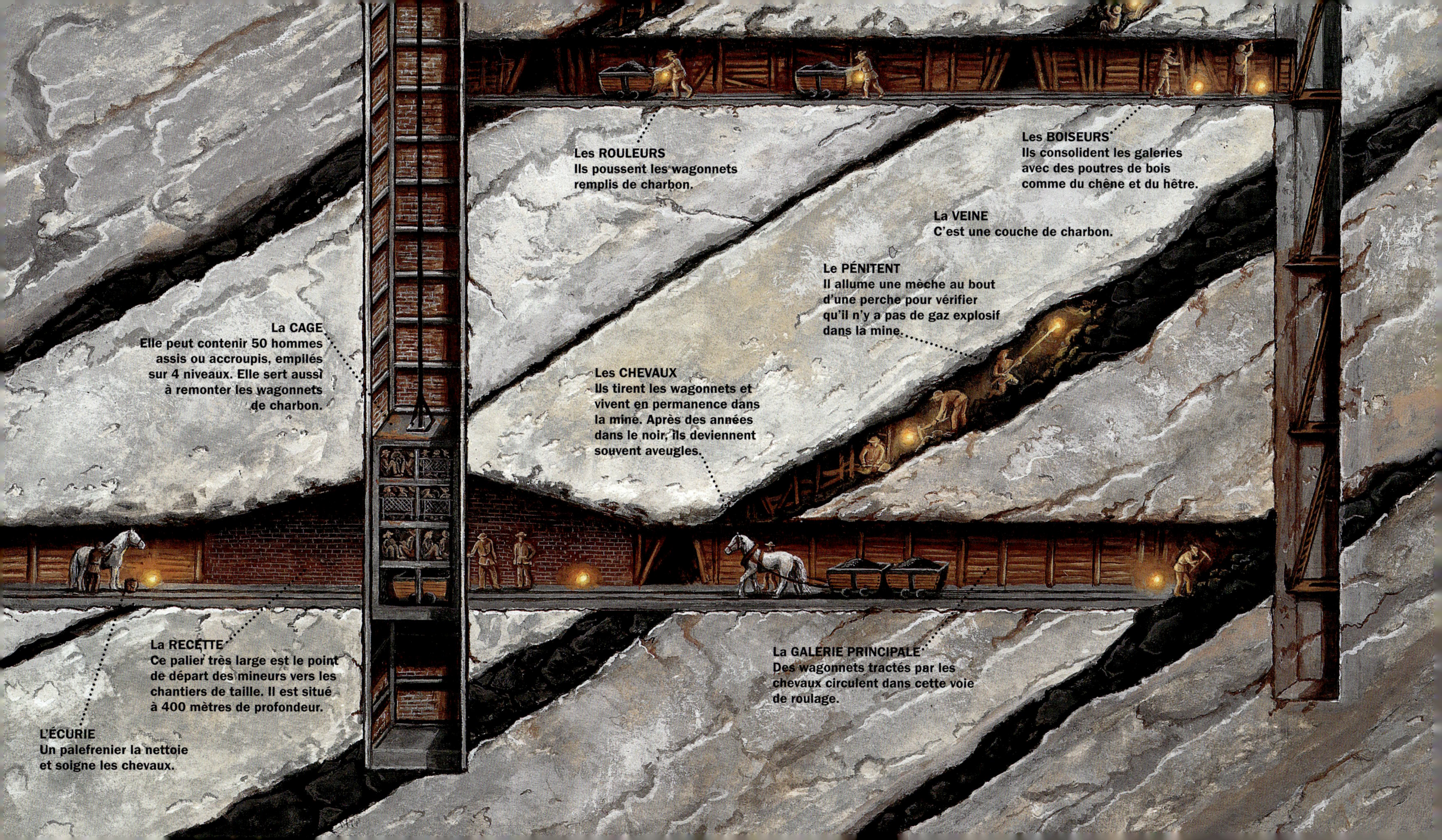
Les ROULEURS
Ils poussent les wagonnets remplis de charbon.
Les BOISEURS
Ils consolident les galeries avec des poutres de bois comme du chêne et du hêtre.
La VEINE
C'est une couche de charbon.
Le PÉNITENT
Il allume une mèche au bout d'une perche pour vérifier qu'il n'y a pas de gaz explosif dans la mine.
La CAGE
Elle peut contenir 50 hommes assis ou accroupis, empilés sur 4 niveaux. Elle sert aussi à remonter les wagonnets de charbon.
Les CHEVAUX
Ils tirent les wagonnets et vivent en permanence dans la mine. Après des années dans le noir, ils deviennent souvent aveugles.
La RECETTE
Ce palier très large est le point de départ des mineurs vers les chantiers de taille. Il est situé à 400 mètres de profondeur.
La GALERIE PRINCIPALE
Des wagonnets tractés par les chevaux circulent dans cette voie de roulage.
L'ÉCURIE
Un palefrenier la nettoie et soigne les chevaux.

# Les p'tits plus

**LA TUBERCULOSE**
Au XIXe siècle, cette maladie très contagieuse tue encore de nombreuses personnes. Des campagnes d'affichage sont lancées pour aérer sa maison ou pour interdire de cracher.

**NAISSANCE DE LA PHOTOGRAPHIE**

En 1826, Niépce réussit à fixer une première image. Il s'associe à Daguerre pour perfectionner le procédé. Le daguerréotype est la première photographie.

**INDISPENSABLE CHEVAL**
À la campagne, le cheval tire la charrue. En ville, il tracte les omnibus, les voitures postales, les diligences... Il est à l'origine des premiers embouteillages !

**JULES VERNE**
Né en 1828 et mort en 1905, cet auteur de romans d'aventures, passionné de sciences et de techniques, va devenir le créateur de la science-fiction. L'un de ses premiers livres *Cinq semaines en ballon* séduit la jeunesse. Il est connu dans le monde entier.

**LOUIS BRAILLE**
Il est l'inventeur d'un système de points en relief qui permet d'écrire les 26 lettres de l'alphabet, de respecter la ponctuation et l'orthographe, les chiffres et les notes...

Son invention est mondialement connue.

**QUARANTE MILLIONS**

C'est le nombre de Français vers 1914, soit environ 25 millions de moins que la population allemande, un pays qui va devenir l'ennemi de la France.

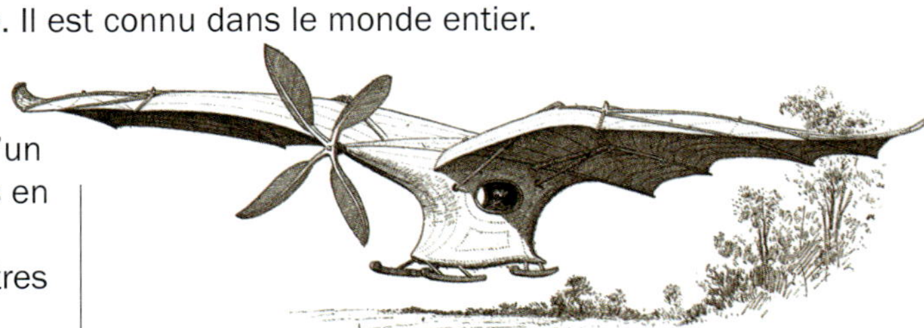

**L'AVION ET L'AUTOMOBILE**
Entre 1890 et 1897, le Français Clément Ader fait voler pour la première fois, un engin plus léger que l'air. C'est l'avion. Il est propulsé par un moteur à explosion comme l'automobile.

**LA CUISINE BOURGEOISE**
Vers 1880, les bourgeois mangent à leur faim. Ils se régalent de plats en sauce, de vins et de pain blanc à une seule farine.

**AILLEURS DANS LE MONDE**

Au début du XXe siècle, les pôles, les points extrêmes de la Terre, sont conquis. Le pôle Nord est atteint en 1909 par l'Américain Robert Edwin Peary, puis le pôle Sud en 1911 par l'explorateur norvégien Roald Amundsen.

## LA COLO !

En France, la première colonie scolaire date de 1883. Neuf garçons et neuf filles partent séparément en vacances, avec maître ou maîtresse, à la campagne.

## DE GRANDES PUISSANCES

Les États-Unis deviennent la première puissance industrielle au monde vers 1890. Dans le Pacifique, c'est le Japon qui entre dans l'ère du progrès en devenant la plus grande puissance de l'Extrême-Orient.

## GEORGES MÉLIÈS

En 1902, le Français Méliès participe à la naissance du cinématographe. Il bricole des fusées de carton et fait débarquer en images des hommes sur la Lune. Il est le père des effets spéciaux au cinéma.

## UN FLEUVE QUI DÉBORDE

En janvier 1910, pluie et neige font déborder la Seine. Son niveau atteint 8 m par endroits. Les gens circulent en barques dans les rues de Paris. La Tour Eiffel a les pieds dans l'eau !

## L'ATTENTAT DE SARAJEVO

Le 28 juin 1914, à Sarajevo, capitale de la Bosnie-Herzégovine, l'archiduc d'Autriche François-Ferdinand est assassiné avec sa femme. L'auteur de l'attentat, Gavrilo Prinzip, est un nationaliste serbe. Cet événement est une des causes du déclenchement la Première Guerre mondiale.

## LOUIS BLÉRIOT

En 1909, Louis Blériot relève un défi contre un Anglais. Il décide de traverser la Manche par la voie des airs. Surnommé l'Homme qui tombe toujours, il met 32 minutes pour accomplir ce trajet sans tomber à l'eau.

## PICASSO

Né en 1881, Picasso est le peintre le plus célèbre du XXe siècle. Il a dessiné des milliers de croquis, peint aussi plus de 1 800 tableaux et sculpté plus de 1 200 œuvres.

## VOITURE FRANÇAISE

En 1898, Louis Renault réalise un premier prototype de voiture. Six mois plus tard, 60 voitures sont prêtes. Vers 1914, elles commencent à être fabriquées en série.

## À LA FORCE DES JAMBES

Vers 1900, la bicyclette que l'on appelle « la petite reine » remporte un énorme succès populaire. Elle est adoptée par les femmes qui s'en serve pour conquérir leur indépendance.

## LE TOUR DE FRANCE

En 1903, le premier Tour de France cycliste est organisé. Les soixante cyclistes qui y participent parcourent 2 500 kilomètres. En 1919, après la Première Guerre mondiale, le premier au classement recevra le maillot jaune.

## LA LOI DE 1905

En 1905, une loi est votée. C'est la séparation de l'Église et de l'État. Elle dit que l'État n'interviendra plus dans les querelles religieuses et que la République ne subventionnera plus aucun culte.

# Le XX$^{e}$ siècle

# La Première Guerre mondiale

En Europe, rivalités économiques et alliances militaires entre certains pays créent un climat de tension. L'attentat de Sarajevo en juin 1914 va déclencher la Première Guerre mondiale opposant l'Allemagne et l'Autriche-Hongrie à la France, à la Russie et au Royaume-Uni.

**L'entrée dans la guerre**
En août 1914, l'Allemagne envahit la Belgique puis le nord et l'est de la France où les combats sont très violents. En septembre, le maréchal Joffre contre-attaque sur la Marne. Plus de 600 taxis parisiens sont réquisitionnés pour le transport de troupes, et une division entière arrive ainsi en renfort. Mi-septembre, c'est la victoire de la Marne, les Allemands reculent.

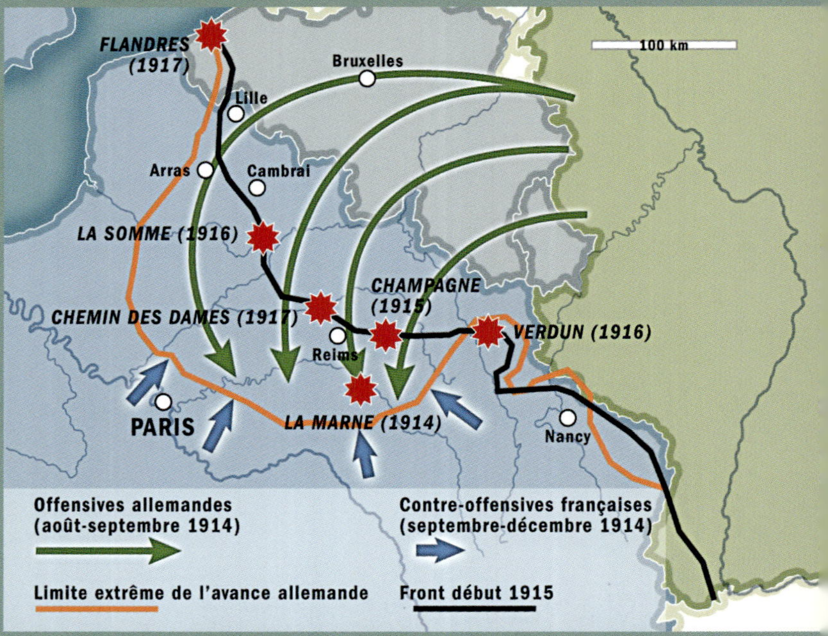


**L'uniforme français en 1914**

**Les combats à découvert**
Au début, les techniques de guerre sont anciennes. Les cavaliers chargent sabre au clair et les fantassins attaquent baïonnette au canon. Tous les combats ont lieu à découvert. En 1915, la guerre que l'on espérait courte s'éternise. De la mer du Nord à la Suisse, chaque camp creuse des tranchées. C'est le début de la guerre de position.

## La trêve de Noël

*Dans la nuit et le jour de Noël 1914, un événement exceptionnel va se dérouler sur le front. Des soldats allemands, britanniques et français sortent des tranchées. Certains chantent. D'autres échangent du chocolat, du tabac, bricolent des sapins et allument des bougies. Les hommes fraternisent et font la trêve. C'est le cessez-le-feu pour quelques heures...*

## La bataille de Verdun

Entre le mois de février et le mois de décembre 1916, l'armée allemande attaque Verdun sans relâche afin d'user les défenses françaises et de percer le front. En dix mois de combat, le bilan est très lourd. Près de 700 000 soldats, français et allemands, vont trouver la mort ou être blessés dans cette terrible bataille que l'on a nommée depuis « l'enfer de Verdun ».

## La Voie sacrée

Durant l'été 1916, il faut acheminer sans cesse plus d'hommes, plus de munitions et de matériel vers Verdun. Des camions circulent jour et nuit sur la route Verdun-Bar-le-Duc qui relie l'arrière au front français. Cette route majeure porte aujourd'hui le nom de « Voie sacrée ».

**En 1916, il est interdit aux véhicules de s'arrêter sur la future Voie sacrée. Il circule un véhicule toutes les 15 secondes.**

## La bataille de la Somme

Entre juillet et novembre 1916, les troupes franco-britanniques cherchent à percer les lignes ennemies sur le front de la Somme. De terribles combats vont s'y dérouler. Comme à Verdun, la bataille est apocalyptique. Le premier jour reste le plus sanglant. En novembre, les Anglais auront perdu 400 000 hommes.

## Des armes nouvelles

Pour la première fois, les lance-flammes et les mitrailleuses sont utilisés. Des armes chimiques, tel le gaz moutarde, font d'énormes ravages. Dans la journée du 21 février 1916, les Allemands tirent un million d'obus. Les Anglais quant à eux, vont lancer les chars d'assaut dans la bataille de la Somme.

**En 1916, les soldats français portent un casque et un nouvel uniforme plus adaptés aux nouvelles formes de combat.**

# Vivre et mourir dans les tranchées

Dès le début de la guerre ou presque, les deux camps ennemis sont incapables de l'emporter militairement. Les armées alliées s'installent alors face à l'armée allemande dans de grands fossés. C'est la guerre des tranchées, un système de défense sophistiqué.

**Un réseau souterrain**
Les tranchées sont de profonds fossés creusés par les deux camps. Elles permettent de défendre une position en se protégeant. Les tranchées allemandes sont mieux aménagées. Certaines possèdent l'électricité et le chauffage, et sont même en béton. Mais, dans les deux camps, elles ne résistent pas toujours aux obus. Les soldats y sont parfois enterrés vivants.

**Avant l'attaque**
Le calme règne et les officiers observent aux jumelles. Les fantassins attendent ou guettent. Soudain, un déluge de feu démarre au loin. Les canons ennemis tirent des obus. Ceux-ci provoquent des blessures abominables, pulvérisent les corps. Les soldats sont transformés en chair à canon.

**Monter à l'assaut**
À l'aube, tout le monde est prêt. L'officier tire en l'air. C'est le signal de l'assaut. Les soldats sortent des tranchées, baïonnette au canon. Ils essuient des tirs de mitrailleuses. Ils sont gazés. Le champ de bataille se couvre d'une épaisse fumée. Le bruit est infernal. Isolés, égarés, des soldats se terrent dans un trou ou combattent au corps à corps.

En première ligne, sur le champs de bataille

L'univers des soldats français dans un abri souterrain, entre deux batailles.

**Vivre dans un trou**

Les poilus vivent dans la boue, la neige ou en plein soleil en été et dans une totale absence d'hygiène. Des rats circulent entre leurs jambes. La puanteur des cadavres en décomposition, du sang ou des excréments est effroyable. Certains deviennent fous. À Verdun, le général Pétain obtient que l'on puisse renouveler les hommes. Après des jours en enfer, c'est le « tourniquet des combattants ».

**Être solidaire**

En première ligne, impossible de survivre seul. La peur tenaille le ventre. Souvent, les plus vieux prennent soin des plus jeunes, certains n'ont pas vingt ans. L'esprit de solidarité est bien présent. Alors, lorsqu'on reçoit un colis, on partage avec ses camarades, on discute en espérant avoir vite quelques jours de répit à l'arrière.

**Tromper l'ennui**

Entre deux attaques, les hommes passent de longues heures à attendre. Ils en profitent pour écrire à leur famille ou jouer aux cartes. Certains écrivent un journal de guerre, sculptent des fûts d'obus ou transforment des casques en instrument de musique. Parfois, les hommes jouent au football. À l'arrière, les spectacles sont là pour divertir et redonner le moral aux troupes.

**Les poilus**

*C'est le nom donné aux soldats français, car ils ne peuvent pas se raser quand ils sont au front. Par manque d'eau courante, ils ne se lavent pas non plus tous les jours. Un trou d'eau, un lavoir, permettent parfois de faire la toilette. Les poilus ont des puces, mais aussi des poux qu'ils appellent « totos ».*

# Un conflit qui dure

Chaque jour, les morts se comptent par centaines. Les victoires succèdent aux défaites dans les deux camps. Au front, comme à l'arrière, les hommes et les femmes aspirent au retour à la paix. L'année 1917 marque un tournant dans cette guerre qui devient totale.

**Les femmes au travail**
La guerre coûte très cher. Il faut nourrir les soldats et leur fournir de l'armement. Les femmes vont travailler pour remplacer les hommes. Elles s'occupent de la ferme, conduisent des taxis, s'engagent comme infirmières ou fabriquent des munitions dans les usines d'armement. Leur place dans la société commence à changer.

**Des soldats du monde entier**
Quatre millions de Français sont mobilisés, mais ce n'est pas suffisant face aux Allemands. Des soldats des colonies sont alors appelés. Ils viennent de Madagascar, d'Asie, d'Afrique du Nord et d'Afrique noire, comme les tirailleurs sénégalais. L'État français leur promet de l'argent et la citoyenneté, promesses qui ne seront, le plus souvent, pas tenues. Beaucoup vont mourir au début des combats.

**Les femmes remplacent les hommes, même dans les usines d'armement. On désigna ces ouvrières sous le nom de « munitionnettes ».**

**Deux soldats français surveillent un camp improvisé de prisonniers allemands.**

**La guerre devient mondiale**
Les batailles aériennes et sous-marines font rage hors des frontières françaises. Sur le front, tous les soldats sont épuisés. Ils se mutinent ou désertent. Certains Français seront exécutés. En 1917, les États-Unis entrent en guerre contre l'Allemagne alors que la Russie, devenue bolchevique, s'en retire.

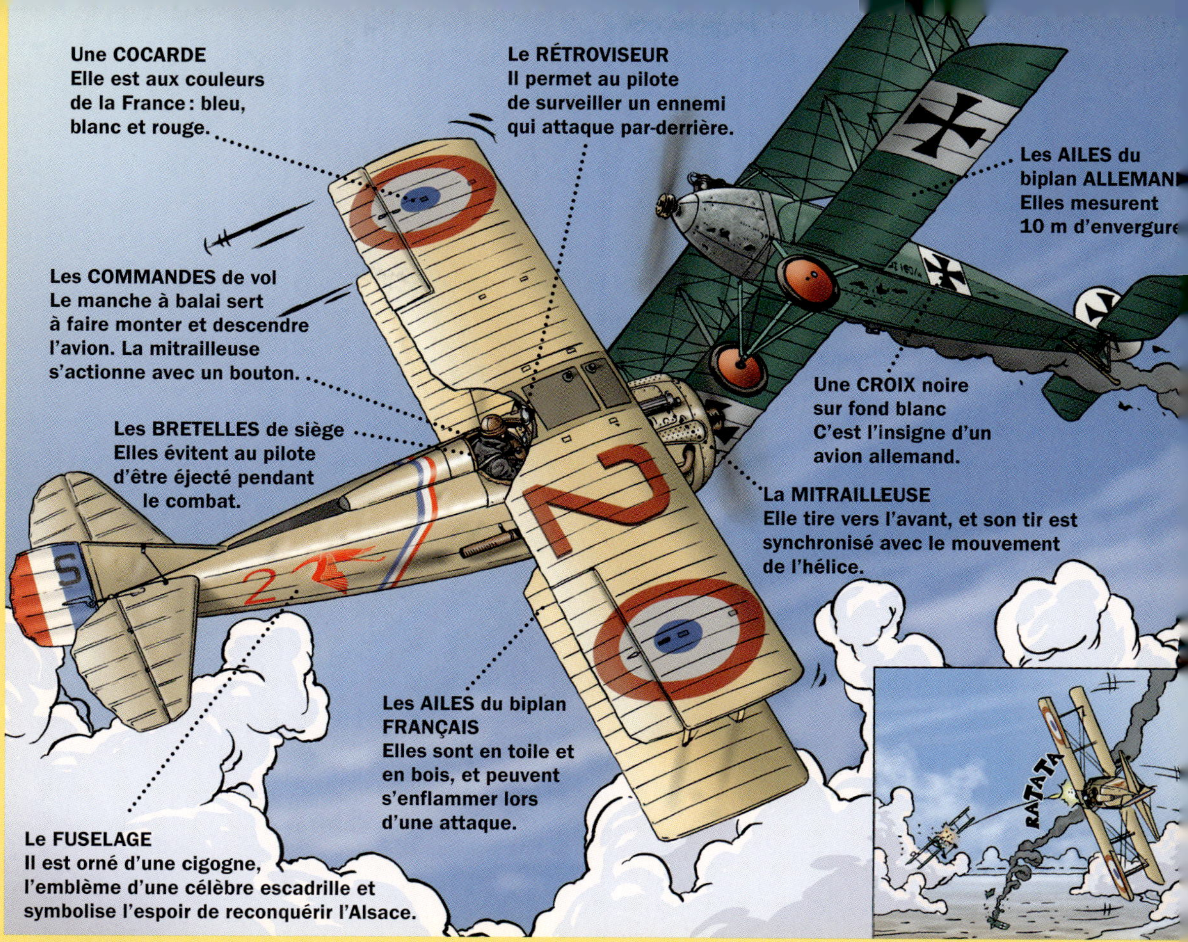


**Combat aérien** Pendant la Première Guerre mondiale, les avions de chasse entrent en action. Ici, l'avion français est un Spad VII et l'allemand, un Fokker D1. Ils peuvent monter à plus de 5 000 m d'altitude et atteindre les 200 km/h.

**Des combats dans le ciel**
En 1914, l'Allemagne a près de 260 avions, deux fois plus que la France. Au début outils d'observation, les avions vont ensuite permettre aux pilotes de lancer des grenades à la main, ou de combattre au pistolet ou à la mitrailleuse. Vers 1917, chaque pilote aura sa spécialisation : bombardement ou chasse. Certains pilotes de chasse vont devenir des héros de l'aéronautique militaire puisque l'armée de l'air ne sera créée, en France, qu'en 1934.

**Vers le cessez-le-feu**
En 1918, l'armée allemande recule et les alliés remportent de plus en plus de victoires. Enfin, au bout de quatre ans de guerre, l'armistice est signé le 11 novembre 1918. Dans le camp allié, on fête la victoire. En Allemagne, on refuse la défaite.

10 Centimes — Édition de 5 heures — 10 Centimes

L'ÉCHO DE PARIS

NOUVELLES DU MONDE ENTIER

L'ALLEMAGNE A CAPITULE

L'ARMISTICE EST SIGNÉ

M. Clemenceau acclamé à la Chambre

LE FIGARO

LA VICTOIRE

L'ALLEMAGNE A CAPITULÉ

JOIE NATIONALE

Le 1,561e jour de la guerre

Les Conditions de l'Armistice

CONVENTION

**Le 11 novembre 1918, l'armistice fait la une des journaux français. Clemenceau en ressort comme l'unificateur des alliés.**

## Le bilan de la Grande Guerre

*Dix millions d'hommes du monde entier vont laisser la vie dans le conflit et quarante millions seront blessés, parmi eux les « gueules cassées », ces survivants défigurés. 700 000 soldats d'Afrique ont été tués ou portés disparus. Plus tard, pour qualifier ce conflit mondial, on a parlé de « der des der », car on pensait que cette guerre effroyable serait la dernière.*

# Reconstruire en Europe

Après la Première Guerre mondiale, les quatre grands Empires européens ont disparu tandis que de nouveaux pays sont apparus. En France, des villages de Champagne et de Lorraine ont été rayés de la carte. C'est un désastre sans précédent dans l'histoire.

Sur la carte de l'Europe en 1919, on constate que les Empires allemand, austro-hongrois, russe et ottoman ont disparu.

**Le traité de Versailles**
Le 28 juin 1919, le traité entre l'Allemagne et les Alliés est signé dans la galerie des Glaces du château de Versailles. Il réunit les représentants de 27 pays. Les pays vaincus et la Russie ne sont pas invités. De nouveaux pays naissent en Europe et au Proche-Orient. L'Alsace-Lorraine redevient française. Rendus responsables du conflit, les Allemands sont humiliés par les conditions très dures du traité.

**Un champ de ruines**
Plusieurs pays d'Europe ont été dévastés par la guerre. Les voies de communication et les industries du nord et de l'est de la France ont été détruites. Partout, les champs sont truffés d'obus. Certains villages dans la région de Verdun ont été rayés de la carte. Après la guerre, leurs habitants n'ont pas retrouvé leur maison et ces villages n'ont jamais été reconstruits. Aujourd'hui, ils sont déclarés « morts pour la France ».

Un monument aux morts de Champagne-Ardenne, dans l'est de la France.

**En 1917, la ville de Péronne est en ruines. Aujourd'hui, elle accueille l'Historial de la Grande Guerre.**

**Accueillir pour reconstruire**
La France manque de main-d'œuvre et accueille des ouvriers belges pour travailler dans les mines et les industries du nord et de l'est du pays. Des Italiens s'installent aussi dans le Sud-Ouest pour y cultiver la terre ou la vigne et remplacer les hommes morts au combat.

**Se souvenir des morts**
Le 11 novembre 1920, le corps d'un soldat inconnu est déposé sous l'arc de triomphe et dans les communes de France on dresse un monument en l'honneur des « enfants morts pour la patrie ». Chaque nom y est gravé.

**Oublier la guerre**
Après la guerre, les Français aspirent à se divertir. Entre 1920 et 1929, les « Années folles » battent leur plein. Paris attire des peintres comme Chagall, Soutine, Picasso mais aussi des poètes et des écrivains. On fréquente les cabarets et les salles de spectacle de Montmartre et de Montparnasse. Les comédies musicales venues des États-Unis remportent un grand succès et l'opérette redémarre. Quant au cyclisme, il devient un énorme succès populaire !

**Vers 1928, Joséphine Baker danse le charleston sur du jazz, dans la célèbre « Revue nègre ».**

### La crise de 1929

*Le 24 octobre 1929, Wall Street, la Bourse de New York subit une chute brutale de ses cours. La production industrielle mais aussi les prix et les salaires s'effondrent et treize millions d'Américains découvrent le chômage et la soupe populaire. Cette crise va également se propager en Europe et, en 1930, le chômage bat des records en Allemagne.*

# 1936, les premiers congés payés

Si l'horizon s'assombrit un peu partout dans le monde, en France, la victoire de la gauche aux élections de 1936 va permettre une amélioration de la condition des salariés. Pour la première fois, grâce aux congés payés, les vacances d'été se profilent.

À Bordeaux, les ouvriers des chantiers de construction navale sont en grève et dansent au son de l'accordéon.

**Des ouvriers en grève**
En 1936, les ouvriers sont environ six millions en France. Ils travaillent dans de dures conditions dans la sidérurgie, la métallurgie et l'industrie automobile. Cette année-là, les grèves s'enchaînent et les ouvriers occupent les usines dans tout le pays. Leur revendication : être mieux payés.

**Les premiers congés payés**
Élu en mai 1936, le gouvernement du Front populaire, dirigé par Léon Blum, provoque des réunions importantes entre patronat et syndicats, et mène de grandes réformes sociales. Les ouvriers obtiennent des augmentations de salaire et la semaine de 40 heures de travail au lieu de 48 heures. Il instaure aussi, pour la première fois, quinze jours de congés payés par an pour tous les salariés.

Bébé et parents en tandem partent en vacances à vélo, une formule sportive et économique !

**Août 1936, départ de voyageurs en train. Direction la Grande Bleue, la mer Méditerranée !**

**En train, en auto et en vélo !**
Durant l'été 1936, près de 600 000 personnes partent pour la première fois en vacances. Ceux qui prennent le train achètent un billet « congé payé populaire » qui permet de voyager avec une réduction de 40 %. Ceux qui possèdent une voiture, un luxe à l'époque, s'y entassent à plusieurs. À la pause déjeuner, ils déploient une nappe pour pique-niquer au bord de la route ! Les plus sportifs partent à bicyclette. À Paris, on va à la piscine, au stade ou au cinéma découvrir *Les temps modernes* de Chaplin.

**En route vers le bon air**
Près de Paris, des ouvriers partent pêcher à la ligne au bord de la Marne ou de la Seine. Le soir, ils dansent au son de l'accordéon dans des guinguettes ou des cafés. D'autres vont faire du camping et plantent leur toile n'importe où, sans autorisation. Beaucoup partent découvrir la mer, en Normandie. Enfin, des Parisiens retournent au pays voir leur famille. Ils participent aux travaux des champs, à la ferme.

## Des milliers de cartes postales

*Dans les années 1930, le téléphone est rare. Les gens s'écrivent de longues lettres. En 1936, la carte postale remporte un immense succès. En août, des sacs remplis de cartes postales arrivent chaque jour au journal* Le Populaire. *Les vacanciers remercient le gouvernement pour avoir fait voter cette loi sociale si importante dans l'histoire du pays.*

**À La Baule, gymnastique et jeux de ballon amusent les enfants.**

**Les jolies colonies de vacances**
Pour la première fois, de nombreux petits Parisiens partent en colonie ou en camp à la montagne ou à la campagne. Les parents envoient leurs enfants prendre un « grand bol d'air », car leur santé est fragile. À la mer, les enfants jouent au tir à la corde sur la plage et se baignent peu, car ils ne savent pas nager.

**En colo, les enfants participent aux tâches ménagères : apporter du pain, mettre le couvert ou éplucher des pommes de terre.**

# À l'aube de la Seconde Guerre mondiale

Après 1930, de nombreux pays industrialisés sont touchés par le chômage et d'autres par la guerre. En Allemagne, le chancelier Adolf Hitler rêve de former un grand empire, le IIIe Reich. Ses ambitions vont entraîner et déclencher la Seconde Guerre mondiale.

**Hitler, le chef du parti nazi**
Fondé en 1920, le parti national-socialiste regroupe des hommes humiliés par les conditions du traité de Versailles. Jugés seuls responsables du premier conflit mondial, les Allemands ont perdu une grande partie de leur territoire, sont accablés par les dettes de guerre et voient leur armée réduite à 100 000 hommes. Très vite, Hitler va prendre la tête du parti nazi.

**La naissance d'une dictature**
Les nazis gagnent les élections de 1932 et, en janvier 1933, Hitler est nommé chancelier par le président Hindenburg. Il met en place un État policier et prend les pleins pouvoirs. En 1934 à la mort d'Hindenburg, il devient le chef unique de l'Allemagne, à la fois chancelier et « Führer » (guide). Le pays bascule dans la dictature.

**Des idées extrêmes**
L'idéologie nazie est fondée sur la supériorité de la « race » aryenne. Dès 1933, des mesures sont prises pour exclure les Juifs, les Tziganes, les homosexuels et les handicapés de la société allemande. En 1935, le service militaire est rétabli. Hitler est prêt à conquérir l'Europe.

Adolf Hitler en 1932. Il porte la croix gammée, le symbole du parti national-socialiste.

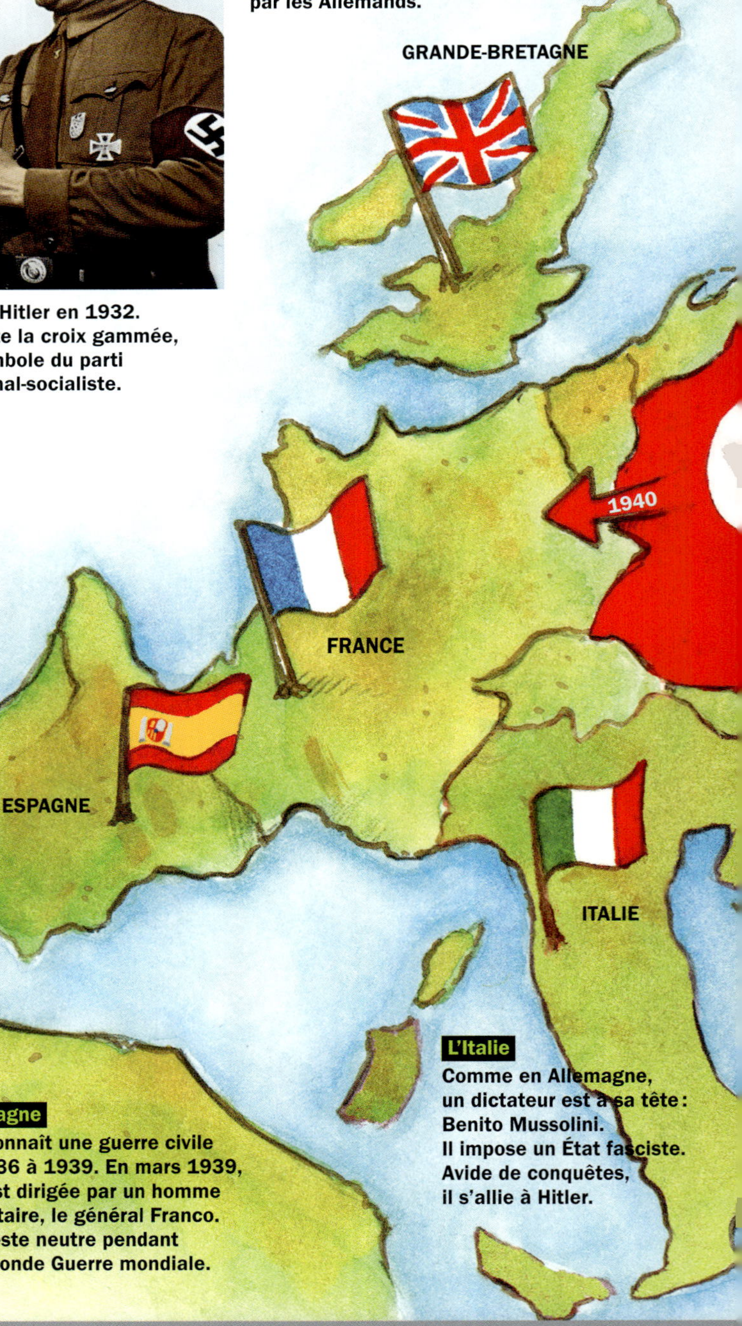


**La France et la Grande-Bretagne**
Ces deux pays veulent éviter à tout prix la guerre contre Hitler. En 1938, ils n'interviennent pas quand la Tchécoslovaquie est attaquée par les Allemands.

**L'Espagne**
Elle connaît une guerre civile de 1936 à 1939. En mars 1939, elle est dirigée par un homme autoritaire, le général Franco. Elle reste neutre pendant la Seconde Guerre mondiale.

**L'Italie**
Comme en Allemagne, un dictateur est à sa tête : Benito Mussolini. Il impose un État fasciste. Avide de conquêtes, il s'allie à Hitler.

Le 1er septembre 1939, les troupes allemandes entrent en Pologne.

**L'entrée en guerre**

Au début de l'année 1939, Hitler exige qu'une partie du territoire polonais soit rattachée au Reich. Cette demande est rejetée par la Pologne soutenue par ses alliés la France et la Grande-Bretagne. Le 1er septembre 1939, les troupes allemandes de la Wehrmacht envahissent la Pologne sans aucune déclaration de guerre. La Grande-Bretagne et la France n'ont plus d'autre alternative que d'intervenir.

**La Grande-Bretagne et la France déclarent la guerre**

Le 3 septembre 1939, en fin de matinée, le roi George VI prononce un discours, retransmis à la radio. Il annonce à son peuple que la Grande-Bretagne entre en guerre contre l'Allemagne. Dans l'après-midi, c'est au tour de la France de déclarer la guerre à l'Allemagne. Aussitôt, partout en France, l'heure est à la mobilisation. Cinq millions d'hommes partent rejoindre l'armée dans le nord et l'est du pays, près de la frontière allemande.

En 1939, à Londres, les journaux annoncent la déclaration de guerre.

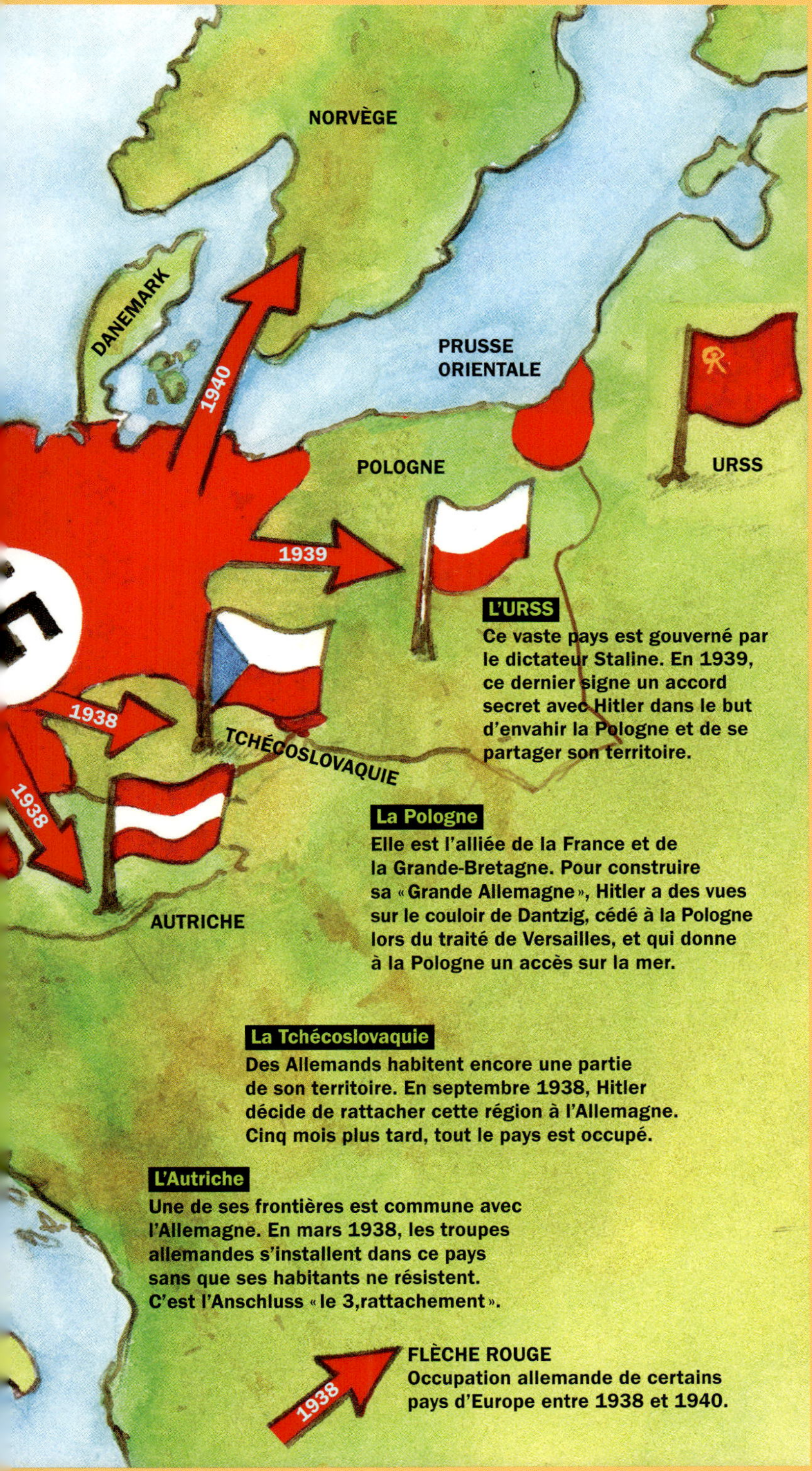

# Vivre sous l'Occupation et organiser la Résistance

Entre 1939 et 1945, la France est au cœur de la Seconde Guerre mondiale. Vaincue en 1940, occupée par les soldats allemands, la vie y devient très dure. Les Français connaissent la faim et la peur lors des bombardements... Pourtant, la Résistance va s'organiser.

Les troupes allemandes paradent dans Paris le 14 juin 1940.

**L'appel du 18 juin 1940**
N'acceptant ni la défaite ni l'occupation, le général de Gaulle rejoint Londres pour continuer la lutte avec les Britanniques. Au micro de la BBC, il appelle les Français, à résister et à combattre : « Quoi qu'il arrive, la flamme de la Résistance française ne doit pas s'éteindre et ne s'éteindra pas. »

Charles de Gaulle au micro de la BBC, le 18 juin 1940.

**La « drôle de guerre »**
Sur le front ouest, de septembre 1939 à mai 1940, les opérations militaires restent limitées. La France n'est pas attaquée et pendant huit mois, l'inaction et l'ennui vont peser sur le moral des troupes alliées. C'est la « drôle de guerre ».

**La guerre éclair**
Le 10 mai 1940, les Allemands attaquent les Pays-Bas et la Belgique, et attirent ainsi les Alliés vers le nord. Leurs chars et leurs bombardiers stukas frappent rapidement et enfoncent les lignes ennemies. Très vite, la France est envahie.

En 1940, la ligne de démarcation coupe la France en deux zones.

## L'exode

*Entre mai et juin 1940, c'est la panique ! Près de huit millions de Français partent sur les routes pour fuir devant l'avance allemande. À pied, à cheval, en voiture ou en train, ils essaient de gagner le sud de la France. En chemin, les attaques des avions allemands font des milliers de victimes. Après l'armistice, de retour chez eux, les réfugiés retrouvent souvent leurs maisons pillées ou détruites.*

En 1943, refusant le travail obligatoire en Allemagne, des jeunes gens prennent le maquis et rejoignent les rangs de la Résistance.

### Organiser la Résistance

Dès 1940, des hommes et des femmes vont faire face à l'occupation. Si au début ils agissent seuls, des réseaux vont petit à petit s'organiser et seront unifiés en 1942 par Jean Moulin. Certains collectent des informations sur les troupes allemandes et les transmettent à Londres. D'autres portent des messages ou commettent attentats et sabotages contre les forces d'occupation. Ils sont intellectuels, étudiants, cheminots, ouvriers, communistes ou catholiques. Tous n'ont qu'un seul but : libérer leur pays.

### La signature de l'armistice

Le 16 juin 1940, le maréchal Pétain, héros de la première guerre, devient président du Conseil. Le 22 juin, il signe l'armistice dont les conditions sont très dures. Près de deux millions de Français prisonniers de guerre partent travailler en Allemagne et la France est coupée en deux : une zone occupée au nord, une zone libre au sud. Le 29 juin, le gouvernement s'installe à Vichy. Un nouveau régime est fondé, l'État français. La République n'existe plus.

Les rationnements arrivent dès 1940. Il faut faire la queue pour avoir très peu à manger. Faute de farine, le pain se fait rare !

Des tickets de rationnement donnent droit à une quantité précise de pain, de lait, de riz, de vêtements…

### Vivre sous l'Occupation

Le quotidien des Français est difficile faute de travail parfois de logement, de charbon et d'électricité. En ville, le souci majeur est le manque de nourriture même si des produits se vendent et s'échangent en secret, au marché noir. Pour la majorité des gens, c'est la débrouille, le système « D ». Mais vivre sous l'Occupation, c'est aussi descendre à la cave et se mettre à l'abri quand des avions alliés bombardent gares et usines pour empêcher leur utilisation par les Allemands.

# Être juif pendant la Seconde Guerre mondiale

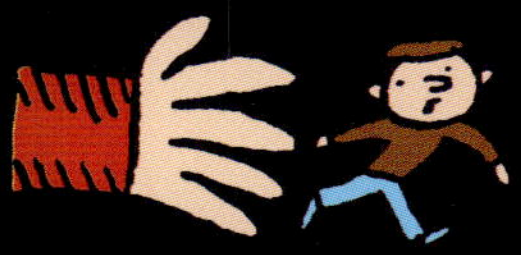

L'histoire des Juifs a commencé en Palestine. Puis, beaucoup de Juifs ont quitté leur terre. Ils se sont dispersés dans de nombreux pays du monde. Au moment de la Seconde Guerre mondiale, ils sont nombreux à vivre en Europe. Ils vont être persécutés.

Enfants du ghetto de Varsovie, en Pologne, lors de l'année 1941.

**La haine des Juifs**
Dès l'Antiquité, les juifs ont été accusés par les chrétiens d'être responsables de la mort du Christ. Depuis toujours en Europe, on les a rendus responsables de nombreux malheurs et aussi accusés de s'enrichir en prêtant de l'argent. Cette haine profonde et ancienne des Juifs s'appelle l'antisémitisme.

**Des mesures d'exclusion**
Les nazis ont commencé à exclure les Juifs avant la Seconde Guerre mondiale. En 1933, ils les chassent des emplois de l'administration allemande. En 1935, ils ne sont plus citoyens allemands. Puis c'est leur mariage avec des Allemands qui est interdit. En 1938, les synagogues, lieux de culte où ils pratiquent le judaïsme, leur religion, sont brûlées.

**Vers la discrimination**
Dès 1933, les nazis séparent les Juifs des autres Allemands et les obligent à porter une étoile jaune, signe de leur appartenance à leur groupe. Ils organisent des rafles pour les arrêter et les regroupent dans des camps ou dans des ghettos. Pendant la guerre, ces pratiques vont se répandre dans les territoires occupés.

L'arrivée de Juifs hongrois à Auschwitz, en juin 1944.

Des prisonniers décharnés pris en photo dans une baraque du camp de concentration de Buchenwald, en Allemagne.

### Les lois de Vichy

Dès 1940, le gouvernement de Vichy collabore avec l'occupant allemand. Ensemble, ils recensent les Juifs vivant en France puis leur retirent leurs droits. Ils les excluent de l'administration, de l'enseignement, de l'armée, de la presse. Les enfants juifs n'ont plus le droit de jouer dans les jardins publics. À Paris, les 16 et 17 juillet 1942, plus de 12 000 d'entre eux sont arrêtés par la police française lors de la rafle du Vél'd'Hiv. Ils sont tous déportés dans des camps.

### La déportation et les camps

Les Juifs mais aussi les Tziganes ainsi que les prisonniers religieux et politiques sont déportés. Tous voyagent dans des wagons à bestiaux. Ils y sont entassés sans eau, sans nourriture, sans hygiène. Le voyage peut durer plusieurs jours. Ils rejoignent des camps de concentration situés surtout en Allemagne et en Pologne. Les déportés y travaillent dans des conditions effroyables. Il est impossible, ou presque, de s'en évader. Les maladies et les mauvais traitements font des ravages.

## La guerre se mondialise

*En 1940, Hitler tente d'envahir l'Angleterre. Ce sera un échec. En 1941, l'URSS est envahie par les nazis, mais Hitler doit renoncer à prendre Moscou. Après l'attaque de la base navale de Pearl Harbor, dans le Pacifique, les États-Unis entrent aussitôt en guerre. Ils forment avec la Grande-Bretagne et l'URSS le camp des Alliés. La guerre devient mondiale.*

### L'extermination systématique

En hébreu, « Shoah » signifie « catastrophe ». C'est le mot le plus employé pour désigner le massacre systématique du peuple juif dans les camps de la mort. Le plus connu d'entre eux est Auschwitz-Birkenau. Des familles entières y sont tuées dans des chambres à gaz, les corps étant ensuite brûlés dans des fours crématoires. Le bilan est effroyable. Plus de cinq millions de Juifs originaires de vingt pays d'Europe, dont beaucoup venant des pays de l'Est, disparaissent dans ces camps de la mort.

La grille du camp de concentration de Dachau et son message macabre : « Le travail rend libre. »

### Un peu d'espoir

En Europe, certaines personnes ont caché et aidé des familles juives à fuir à l'étranger. En France, les habitants du Chambon-sur-Lignon, en Haute-Loire, en ont caché plus de 5 000. L'ensemble des habitants de ce village a reçu la distinction de « Justes parmi les nations ». De jeunes Juifs se sont aussi engagés dans la Résistance pour aider leur communauté.

L'étoile jaune obligatoire destinée aux Juifs de France.

# Le jour le plus long

Le 6 juin 1944, à six heures du matin commence la plus grande opération militaire jamais mise en place. Des milliers d'hommes sont parachutés derrière les lignes allemandes et près de 7 000 navires approchent des côtes normandes. L'opération Overlord est lancée.

**Vue du mur de l'Atlantique.**

**Soldats américains dans une barge de débarquement.**

**Les G.I. américains gagnent du terrain.**

**La deuxième vague de débarquement arrive en renfort.**

**Une attaque alliée ?**

Depuis 1942, Hitler et ses officiers, dont Rommel, craignent une attaque alliée par la mer, mais ne savent rien du lieu et de la date de l'opération. Pour se préparer à un éventuel débarquement, Hitler va faire bâtir 12 000 postes fortifiés le long des côtes de la Manche et de l'Atlantique. Pendant deux ans, 300 000 ouvriers vont assurer sa construction, dont des Français obligés d'y travailler.

**Édifier un mur de défense**

Le mur de l'Atlantique compte un nombre incroyable de blockhaus et d'abris équipés de canons et de mitrailleuses qui dominent les plages. Celles-ci sont également truffées de pieux de bois et de fils barbelés. Des milliers de mines ont été enfouies dans le sable et sous la mer. Des poutrelles d'acier ou de béton sont aussi installées pour éventrer les bateaux qui tenteraient de s'approcher.

**Fermer l'accès des ports**

Le haut commandement allemand sait bien que les Alliés auront besoin d'un port pour approvisionner les troupes en matériel lors du débarquement. Pour parer à cela, ils transforment certains ports français dont Saint-Nazaire, Lorient ou Cherbourg en places fortes imprenables. Malgré les attaques alliées, la garnison allemande de Saint-Nazaire ne capitulera qu'en mai 1945 !

**Opération Overlord**

57 500 Américains débarquent sur Utah et Omaha.

53 815 Anglais débarquent sur Gold, Juno et Sword (dont 177 Français sur Sword).

21 400 Canadiens débarquent sur Juno.

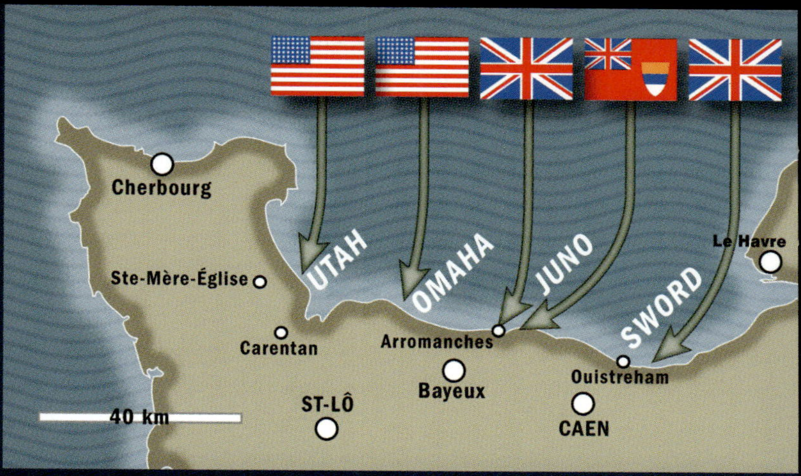


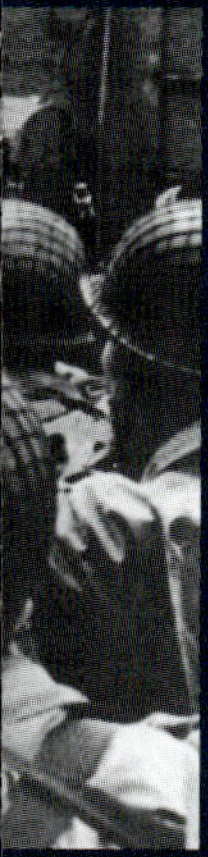

Les troupes britanniques partent à l'assaut.

Les navires alliés pilonnent les bunkers.

À Arromanches, les Britanniques débarquent avec leurs bicyclettes.

Sur Omaha Beach, c'est l'hécatombe.

**Un plan secret**
Depuis 1943, en Angleterre, les Alliés préparent le débarquement en Normandie sous le nom d'opération Overlord. Le général américain Eisenhower dirige les opérations. Les Alliés veulent libérer la France. Pour réussir, ce plan a nécessité des milliers d'ouvriers anglais et américains se consacrant pendant des mois à la production de millions d'armes et d'engins militaires.

**Espionner l'ennemi**
Pendant des mois, les avions alliés prennent des photos. Pour leurrer les Allemands, de faux chars sont placés sur les côtes anglaises faisant face au Pas-de-Calais. Au printemps, les Alliés déversent des tonnes de bombes sur les ponts et les gares pour empêcher le déplacement des Allemands en France. À Londres, de Gaulle réussit à mettre d'accord groupes de résistants, partis politiques et syndicats.

**Prêts pour l'opération**
En juin, des milliers d'avions, de navires chargés de tanks et de jeeps stationnent en Angleterre. Des millions de soldats anglais, canadiens, américains et des milliers de Français attendent dans le sud de cette île, le signal du début de l'opération Overlord. Le 5 juin, la BBC lance des messages codés captés en France. Le débarquement est proche, les résistants sont prêts.

# La France libérée !

La France n'est pas libérée en un jour. De longs mois s'écoulent avant que la paix ne revienne. Au cours de cette période d'une grande violence, les scènes de joie répondent aux scènes d'atrocités, jusqu'à la signature de la fin de la guerre en Europe.

**Les combats se poursuivent**
Du jour du débarquement à la fin août, c'est la bataille de Normandie. Les ville normandes sont bombardées pour faciliter l'avancée au sol des Alliés et 20 000 Normands seront tués. Deux mois après le débarquement, les Américains viennent enfin à bout des défenses allemandes.

**Scènes de massacre**
Ailleurs en France, les Allemands reculent, mais redoublent de violence. Le 10 juin, la division SS *Das Reich* massacre tous les habitants du village d'Oradour-sur-Glane. Dans le maquis, des résistants se battent avec acharnement, mais peu armés, ils sont massacrés à leur tour. Les villageois qui les ont cachés et nourris sont aussi exécutés.

En 1944, près de Brest, un char américain traverse le village de Lambézellec pilonné par les bombardements alliés.

**On punit les traîtres**
En France, c'est l'épuration. Les hommes et les femmes suspectés d'avoir collaboré avec l'ennemi sont accusés de trahison contre leur pays. Certains sont tués et jugés sans procès. D'autres sont exécutés devant une foule pleine de haine après des années de guerre. En ce qui concerne les femmes, celles qui sont accusées de collaboration ont la tête rasée.

Les soldats américains et leurs friandises remportent un franc succès.

**Pétain, l'ennemi public n° 1**
Juste avant la libération de Paris, Pétain quitte Vichy et part pour l'Allemagne. Revenu en France en 1945, il est accusé de collaboration avec l'ennemi, puis jugé et condamné à mort. Le général de Gaulle qui dirige le nouveau gouvernement de la République française décide de le gracier. Il est condamné à la prison à perpétuité. Il mourra à la prison de l'île d'Yeu à l'âge de 95 ans en 1951.

**Le 26 août 1944, à Paris, une foule enthousiaste acclame le libérateur de la France, le général de Gaulle.**

**La France libérée**
La France a été libérée en plusieurs étapes. Le 15 août 1944, les troupes franco-américaines, débarquent à leur tour, en Provence, dans le sud de la France. Peu à peu, les Alliés libèrent de grandes villes : Marseille, Toulon et Lyon. Puis, les troupes se dirigent vers le nord et l'est. Cinq mois après ce nouveau débarquement, toute la France sera libre. De leurs côtés, les blindés débarqués en Normandie remontent peu à peu vers la capitale. Le 19 août, les Parisiens dressent des barricades, s'arment et combattent dans les rues aux côtés des résistants. Le 25 août, Paris est libéré. Les cloches des églises carillonnent en signe de victoire. Le général de Gaulle et les chefs de la Résistance descendent à pied les Champs-Élysées. Ils sont acclamés par une foule joyeuse.

**Les rues de Berlin sont un champ de ruines après les bombardements alliés.**

**La Capitulation de l'Allemagne**
La France est libérée, mais les combats continuent en Allemagne où l'on se bat jusqu'au bout. Les Alliés déversent des tonnes de bombes sur Dresde, Leipzig et Berlin. La population civile est décimée. Pendant ce temps, les Soviétiques encerclent Berlin et entrent dans une ville en ruines. En avril 1945, les soldats alliés découvrent l'horreur des camps de concentration et libèrent les survivants. Le 30 avril, Hitler se suicide. L'Allemagne capitule le 8 mai 1945. C'est la fin du IIIe Reich et de la guerre en Europe.

# Après la guerre, penser l'avenir...

La Seconde Guerre mondiale a été le conflit le plus meurtrier de toute l'histoire. De nombreux pays en Europe sont en ruines. Petit à petit, la France va se reconstruire. Cette période qui va de 1945 aux années 1970 portera le nom de « Trente Glorieuses ».

**En 1945, un homme, un ancien déporté habillé de son costume rayé manifeste dans la rue.**

**Compter les morts**

Plus de cinquante millions de personnes ont été tuées lors de ce conflit. La moitié d'entre elles sont des civils. Les autres victimes sont de jeunes militaires. Rien qu'à Omaha Beach, trois mille soldats ont été tués ou blessés en trois heures par les tirs allemands. Six millions de personnes ont été exterminées dans les camps nazis dont plus de cinq millions de Juifs. En Europe, l'URSS a été le pays le plus touché avec vingt millions de morts. Six cent mille Français ont été tués dans ce conflit.

**Accueillir les rescapés**

Des millions de personnes ont été séparées par la guerre. Des femmes ont perdu la trace de leurs époux et des enfants ont été séparés de leurs parents. À la Libération, des prisonniers de guerre et des déportés reviennent d'Allemagne. Les uns et les autres sont parfois rentrés à pied après des années de souffrance. Entre mai et août 1945, des centres d'accueil comme ceux de la Croix-Rouge reçoivent des milliers de rescapés. Peu à peu, des familles retrouvent avec bonheur un frère ou une sœur.

**Juger les nazis**

De novembre 1945 à octobre 1946, un grand procès se déroule à Nuremberg, en Allemagne. Les représentants de quatre nations alliées tiennent un tribunal de guerre exceptionnel pour juger vingt-trois dirigeants nazis qui doivent pour la première fois répondre de crime contre l'humanité. Parmi eux, Herman Goering, Rudolf Hess et plusieurs patrons de l'industrie de guerre. Ils sont accusés de crime contre l'humanité. Certains sont condamnés à mort par pendaison et seront exécutés. D'autres sont condamnés à la prison à vie.

**Au procès de Nuremberg, aucun des accusés ne plaide coupable malgré les documents écrits et les témoignages accablants.**

Vers 1960, des immeubles collectifs sont construits dans le centre du Havre, ravagé par la guerre.

**Réorganiser l'économie**

La France est en ruines. Beaucoup de ports sont détruits et il faut également les déminer. L'industrie agonise. L'agriculture ne peut pas nourrir tout le monde. Pour réorganiser le pays, le gouvernement décide de contrôler des secteurs importants de l'économie. Il nationalise le gaz, l'électricité et le charbon et également des banques ainsi que des entreprises dans le transport automobile. En 1947, les États-Unis proposent une aide économique aux pays européens dévastés par la guerre. C'est le plan Marshall.

**Créer des logements**

En Allemagne, 70 % des villes sont détruites et, à Berlin, les gens vivent dans des caves. En France, Le Havre, Saint-Lô, Caen, Lisieux, Saint-Nazaire sont à reconstruire. Des architectes se lancent dans des programmes d'urbanisme. Certains utilisent du béton armé dans la construction de logements. C'est le début de grands immeubles inspirés par le modèle américain et la naissance de l'architecture moderne. Pourtant, des années après la guerre, des Français vivent encore dans des taudis.

**L'ONU pour la paix**

**Juste après la Seconde Guerre mondiale, l'ONU, l'Organisation des Nations unies, est crée.**

**L'ONU s'engage à agir pour la paix, à faire respecter les droits de l'homme et à soutenir le développement économique mondial.**

**Aujourd'hui, l'ONU envoie des soldats pour maintenir la paix dans des pays en guerre : les casques bleus.**

## La bombe atomique

*La guerre se poursuit dans le Pacifique entre Américains et Japonais. Le 6 août 1945, les Américains lâchent la première bombe atomique sur Hiroshima. Les deux tiers de la ville sont détruits et 75 000 personnes tuées sur le coup. Le 9 août, une seconde bombe fait 40 000 victimes à Nagasaki. Aussitôt le Japon capitule. C'est la fin de la Seconde Guerre mondiale.*

# La fin de l'Empire colonial français

Bâti tout au long du XIXe siècle, l'Empire colonial français s'effondre comme un château de cartes après la Seconde Guerre mondiale. La décolonisation commence en 1945 et s'achève dans les années 1960. Parfois pacifique, elle est le plus souvent meurtrière.

La bataille de Diên Biên Phu oppose des nationalistes indochinois aux troupes françaises.

**La France de la IVe République**
De 1946 à 1958, c'est la IVe République. Vincent Auriol puis René Coty président la France. Au cours de cette période, la vie politique est instable. On compte dix-huit gouvernements différents qui doivent gérer des guerres hors de France. En revanche, l'économie devient prospère et la France rejoint les grandes puissances industrielles mondiales. Les Français ont le moral et ils font de nombreux bébés. On compte en moyenne, 800 000 naissances par an.

**La guerre d'Indochine**
De 1945 à 1954, une guerre se déroule en Indochine. La France coloniale veut y conserver son autorité et garder ainsi l'exploitation du caoutchouc destiné en grande partie à l'industrie automobile. Quant aux Indochinois, ils réclament leur indépendance. Le 7 mai 1954, la bataille de Diên Biên Phu fait 12 000 morts parmi les soldats français. Le commandement français capitule. C'est la fin de la présence française en Indochine.

**Des injustices en Algérie**
Vers 1940, la communauté française est très présente en Algérie. Les colons contrôlent presque toute l'économie du pays. Face à eux, la population musulmane algérienne est de plus en plus touchée par le chômage, surtout dans les campagnes. Si des Algériens acquièrent la citoyenneté française, certains autres aspirent déjà à l'indépendance. Puis le 8 mai 1945, colons et patriotes algériens s'affrontent à Sétif. La répression de l'armée française est terrible.

Vendanges dans la région d'Alger

**1945** C'est le début de la guerre d'Indochine.

**1946** Antilles et Guyane deviennent des départements d'outre-mer.

**1947** Une grande insurrection à Madagascar fait 80 000 morts.

**1954** C'est le début de la guerre d'Algérie.

**Dans le massif des Aurès, des combattants algériens, les fellagahs, sont contrôlés lors d'une opération militaire française.**

**La fin de la guerre d'Algérie**
En 1962, les accords d'Évian sont signés entre la France et le FLN. Le retrait de la France d'Algérie et du Sahara est confirmé. L'indépendance est proclamée. Deux millions de colons français, les pieds-noirs, et des harkis, ces soldats algériens qui se sont battus dans l'armée française, s'exilent alors en France par peur des représailles. On a estimé que 25 000 soldats français ainsi que 250 000 à 400 000 Algériens ont été tués lors de cette guerre.

**La guerre d'Algérie**
L'insurrection algérienne démarre par une série d'attentats en novembre 1954. Le FLN (Front de libération nationale) qui lutte pour l'indépendance revendique ces actions. La rébellion va s'étendre et c'est la guerre qui s'installe avec son lot d'atrocités commises dans les deux camps.

## Jean Monnet, le père de l'Europe

*Vers 1950, le Français Jean Monnet propose au ministre Robert Schuman de créer une Communauté européenne du charbon et de l'acier. En 1951, cinq pays, l'Allemagne, la Belgique, l'Italie, les Pays-Bas et le Luxembourg acceptent et forment « l'Europe des Six » avec la France. Jean Monnet à l'origine de cette union est considéré comme le « père de l'Europe ».*

**1956** La Tunisie devient indépendante.

**1956** La France reconnaît l'indépendance du Maroc.

**1957** C'est le début de la « bataille d'Alger ».

**1960** Des pays d'Afrique noire francophones deviennent indépendants.

**1962** C'est la proclamation de l'indépendance.

# Un frigo et une auto pour tous !

Dans les années 1960, en France, une période de prospérité démarre. Une nouvelle société voit le jour, c'est la société de consommation. Elle est inspirée par le style de vie des Américains. La publicité, qui crée le besoin d'acheter, guide ce mouvement.

**Vers 1960, les Français adoptent un nouveau magasin, l'hypermarché.**

**Le broyeur à glace en plastique coloré remporte du succès en 1954.**

**Entre 1957 et 1961, la Renault Dauphine est la voiture la plus vendue en France. Sa vitesse est de 100 km/h. Valises, sacs de voyage, skis nautiques**

**Vers 1950, la télévision est encore un luxe. Elle est en noir et blanc.**

**En 1955, le pilon rotatif électrique détrône le presse-purée.**

**Vers 1960, la radio se transporte partout dans la maison.**

En 1968, la publicité fait la promotion de nouveaux bas en fibre de nylon. Aussitôt c'est le succès, les jeunes Françaises l'adoptent.

Robuste et confortable, la Peugeot 404 séduit les automobilistes dès 1960.

Les sports d'hiver commencent à devenir un nouveau loisir pour les Français.

et téléviseur sont là aussi pour la publicité. Ces objets font la promotion des vacances, des loisirs et de la société de consommation.

Vers 1954, la publicité vante un nouvel appareil, la cocotte-minute.

Vers 1948, le réfrigérateur séduit de plus en plus de ménagères.

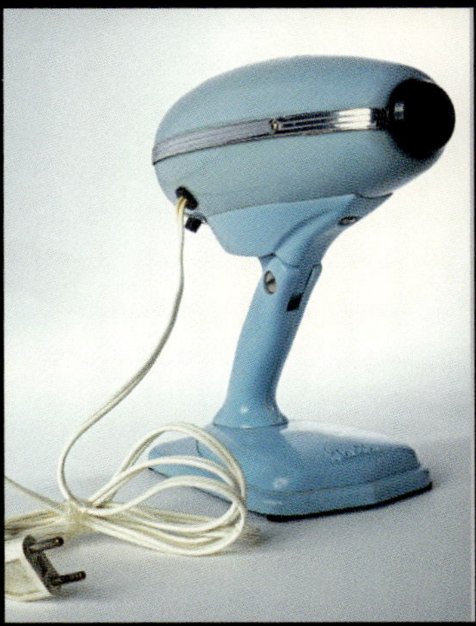

Ce sèche-cheveux de 1960 s'inspire de la forme d'une perceuse.

Les jouets en plastique remplacent les jouets en bois en 1960.

# La révolution de 1968

En 1968, les jeunes Français sont surnommés la génération du baby-boom, car ils sont nés, en grand nombre, après la Seconde Guerre mondiale. Au mois de mai, étudiants et étudiantes descendent dans la rue. Un vent révolutionnaire est en train de souffler !

**Une jeunesse ébouriffée**
En 1968, de plus en plus de familles françaises ont la télévision. Elles prennent des nouvelles du monde, chaque soir, au journal télévisé. Les enfants les plus grands refusent souvent l'autorité, une nouveauté. Les garçons portent des cheveux longs et des jeans. Les mini-jupes des filles font scandale au lycée. Les aînés qui sont à l'université parlent de liberté, d'amour et de paix. Les uns et les autres sont contre la guerre menée par les Américains au Viêt Nam, et aussi contre l'avènement de la société de consommation.

**Les étudiants dans la rue**
Le 22 mars 1968, l'agitation étudiante démarre à la faculté de Nanterre. Le 3 mai, la fermeture de l'université de la Sorbonne sur ordre du gouvernement, déclenche la révolte. Puis, tout bascule dans le Quartier latin qui se couvre de barricades. Des affrontements opposent étudiants et forces de l'ordre. Le 13 mai, une manifestation populaire réunit un million de personnes solidaires des contestataires. Enfin, le monde ouvrier s'agite. Le 20 mai, la France compte six millions de grévistes. Le gouvernement reste stupéfait par l'ampleur des manifestations.

**Au cœur du Quartier latin, les étudiants sont armés de pavés.**

**En 1968, 10 000 à 30 000 manifestants affrontent les forces de l'ordre.**

**À Paris, près de la gare de Lyon, des voitures sont incendiées.**

**Prendre la parole**
Tandis que le pays s'installe dans la contestation, des débats s'organisent dans les usines, les théâtres, les écoles, les bureaux. À Paris, des discussions s'improvisent dans les rues au milieu des pavés arrachés et des voitures incendiées. On discute de tout avec passion : du sens de la vie, du travail, de l'amour, de la guerre, de la culture.

Le 22 mai, à la Sorbonne, Jean-Paul Sartre parle aux étudiants.

**Des slogans chocs**
Au cours de ces deux mois de révolution, de grèves, de paralysie des transports et de pénurie, les murs se sont couverts d'affiches et de messages contestataires sur lesquels on peut lire : « Il est interdit d'interdire », « Sous les pavés, la plage »… Depuis, beaucoup de ces slogans sont devenus très populaires.

Affiche de protestation contre la radio-télévision française, l'ORTF.

**Les accords de Grenelle**
Le 27 mai, le Premier ministre Georges Pompidou signe des accords avec les syndicats et le patronat. Les salariés obtiennent une augmentation des salaires, des réductions d'horaires, l'abaissement de l'âge de la retraite. Quant aux étudiants, ils auront le droit de participer à la gestion des universités.

En 1968, le président de la République est Charles de Gaulle.

**Un président contesté**
Le 30 mai 1968, le président de Gaulle reprend les choses en main et annonce des réformes pour calmer les esprits. L'opinion publique, lassée des désordres, lui manifeste son soutien. Le travail reprend dans les entreprises. La révolution s'achève. Elle aura profondément modifié la société, le monde du travail et l'éducation des enfants.

**On a marché sur la Lune !**
*Le 21 juillet 1969, un événement se joue dans l'espace. Pour la première fois, un homme pose le pied sur la Lune. Les premiers mots de l'Américain Neil Armstrong sont : « C'est un petit pas pour l'homme, mais un bond de géant pour l'humanité. » Six cents millions de personnes dans le monde suivent à la télévision cette incroyable aventure humaine.*

Une affiche ornée d'une urne évoque l'inutilité des élections.

# Les présidents de la V<sup>e</sup> République

La V<sup>e</sup> République a débuté en 1958. Depuis cette date et jusqu'à ce jour, six présidents de la République ont défendu sa Constitution qui rappelle de grandes idées comme les droits de l'homme, la démocratie ou la laïcité de l'État. Voici le portrait de ses présidents.

**Charles de Gaulle président de la République de 1959 à 1969.**

**Charles de Gaulle**
Le général de Gaulle a bénéficié d'une très grande popularité depuis la Seconde Guerre mondiale. En 1958, il revient au pouvoir alors que la guerre en Algérie est dans l'impasse.
Il élabore une nouvelle Constitution. En 1959, élu dix-huitième président de la République, il assure le redressement des finances, achève la décolonisation de l'Afrique noire et règle le problème de la guerre en Algérie. En 1965, il est réélu au suffrage universel direct, une réforme qu'il a voulue. Mai 1968 déstabilise cet homme de 78 ans. Un an plus tard, il démissionne de ses fonctions de président. Il meurt en 1970.

**Georges Pompidou**
Ancien Premier ministre du général de Gaulle, Georges Pompidou est élu le 15 juin 1969 président de la République, à l'âge de 63 ans. Comme son prédécesseur, il s'intéresse à l'Europe. Il va favoriser l'entrée du Royaume-Uni, de l'Irlande ainsi que du Danemark dans le Marché commun. Il contribue à l'accélération de l'industrialisation du pays et développe un important programme de construction de réacteurs nucléaires. Ce passionné d'art moderne est également à l'origine de la construction du centre Pompidou à Paris.
Il décède brutalement le 2 avril 1974 après cinq années à la tête de l'État.

**Georges Pompidou président de la République de 1969 à 1974.**

**Valéry Giscard d'Estaing, président de la République de 1974 à 1981.**

**Valéry Giscard d'Estaing**
Ancien ministre des Finances du général de Gaulle, Valéry Giscard d'Estaing est élu président de la République le 19 mai 1974, à l'âge de 48 ans. Son septennat est marqué par des réformes politiques comme l'abaissement de la majorité civile de 21 ans à 18 ans, l'autorisation du divorce par consentement mutuel, le contrôle des naissances et la contraception. Il lance aussi l'idée d'une monnaie européenne avec le chancelier allemand.
La fin de son mandat est marquée par la crise pétrolière, l'aggravation du chômage, de l'inflation et les débuts de l'austérité dans le pays.

François Mitterrand président de la République de 1981 à 1995.

**François Mitterrand**
Candidat de la gauche, François Mitterrand est élu président de la République en 1981. Il est réélu en 1988. La volonté de donner plus d'autonomie aux régions, l'abolition de la peine de mort ou la semaine des 35 heures sont des lois qui caractérisent ses deux mandats. Il s'engage dans la construction de l'Europe aux côtés de son homologue allemand. On lui doit des constructions nouvelles, le Grand Louvre, la Grande Arche de la Défense, la Bibliothèque nationale de France. Il décède en 1996. Il reste, encore aujourd'hui, le seul président de gauche de la Vᵉ République.

**Jacques Chirac**
Longtemps maire de Paris, maintes fois ministre et deux fois Premier ministre, Jacques Chirac est élu président de la République, à 63 ans, en 1995, puis réélu en 2002, face à Jean-Marie Le Pen, leader de l'extrême droite. Son premier septennat est marqué par la longue cohabitation avec le Premier ministre socialiste, Lionel Jospin, et le deuxième, par une politique plus sécuritaire. En 2003, il refuse de s'engager aux côtés des Américains lors de la guerre en Irak. Il est à l'origine de la création du musée du quai Branly, dédié aux cultures de l'Afrique, de l'Océanie et de l'Amérique.

Jacques Chirac, président de la République de 1995 à 2007.

Nicolas Sarkozy, actuel président de la République, depuis 2007.

**Nicolas Sarkozy**
Ancien avocat d'affaires, Nicolas Sarkozy a commencé très jeune sa carrière politique dans les Hauts-de-Seine, près de Paris où de 1983 à 2002, il est le maire de la commune de Neuilly-sur-Seine. Il a été plusieurs fois ministre dont deux fois ministre de l'Intérieur. Il est devenu président de la République en 2007 à l'âge de 52 ans en battant Ségolène Royal, la candidate du parti socialiste et seule femme à ce jour à avoir accédé à un second tour des élections présidentielles. Conformément à une nouvelle loi, il est élu pour un mandat de cinq ans. Lors de la campagne électorale de 2007, un de ses slogans a été : « Travailler plus pour gagner plus. » En 2011, il a engagé les forces armées françaises aux côtés de l'Otan, en Libye. Il est le premier président de la République française en exercice à être incarné au cinéma dans un film qui retrace son ascension vers le pouvoir avant son élection.

## Des couples « franco-allemands »

*Depuis le début de la Vᵉ République, des présidents français et des chanceliers allemands ont noué de profondes amitiés au-delà de leur appartenance politique et ont renforcé l'Union européenne. Charles de Gaulle et Konrad Adenauer, Valéry Giscard d'Estaing et Helmut Schmidt ainsi que François Mitterrand et Helmut Kohl sont les plus célèbres couples « franco-allemands ».*

# L'évolution de la société française

Après mai 1968, la société française change et s'engouffre dans la modernité. Les femmes obtiennent des droits et entrent dans le monde du travail. Les jeunes acquièrent des diplômes. Cette période de mutations est à l'origine de la France du XXIe siècle.

Des ouvrières d'une chaîne de montage électronique à Poitiers, en 1972.

**Égalité et mixité à l'école**
La scolarisation des garçons a longtemps été la priorité. Quant à celle des filles, elle démarre vraiment dans les années 1950. Mais quand elles quittent le lycée, bac en poche, elles intègrent rapidement le monde du travail. En 1975, la loi sur la mixité dans les établissements publics d'enseignement les met en compétition avec les garçons et les mène vers les études supérieures.

**La place des femmes**
Les Françaises ont acquis le droit de vote, en avril 1944, assez tard, par rapport aux femmes de bien d'autres pays. Elles bénéficient de lois qui les émancipent de la tutelle des hommes à partir des années 1960. En 1966, le droit d'exercer un métier sans le consentement des maris constitue une étape importante dans l'histoire du travail des femmes. Très vite, elles sont autorisées à exercer des « métiers d'hommes ». Malgré tout, l'écart de salaire est encore aujourd'hui, en moyenne, de 25% entre les hommes et les femmes. De plus, les femmes cadres supérieurs en entreprises sont rarissimes.

**Le droit à l'avortement**
En 1967, le droit de choisir sa maternité devient une réalité avec la loi sur la libéralisation de la contraception. Mais, il faut attendre 1975, pour que le droit à l'avortement soit reconnu en France. C'est Simone Veil, ministre de la Santé qui fait voter cette loi importante, devant une assemblée de députés hostiles à ce projet.

Simone Veil est à l'origine de la loi sur l'avortement.

### L'information en temps réel !

*En 1981, de nouvelles radios et chaînes de télévision modifient la manière de s'informer. Dix ans plus tard, les principaux médias ont perdu une partie de leur public surtout les plus jeunes. Aujourd'hui, la diffusion de l'information s'accélère à nouveau avec Internet et les technologies mobiles.*

En 1978, les enfants accueillis dans les écoles maternelles permettent aux mamans de prendre leur place dans le monde du travail.

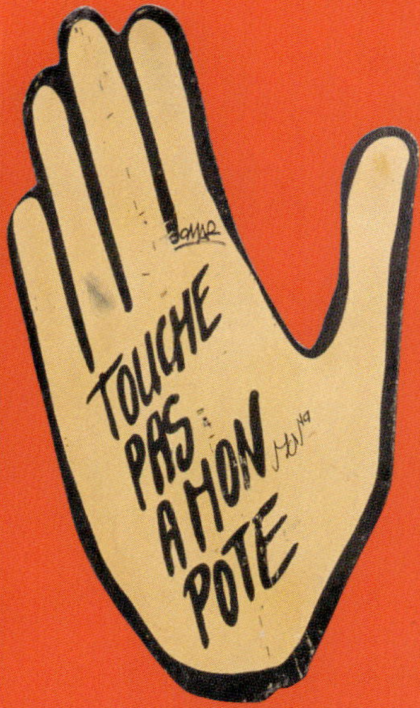


Créée en 1984, l'association SOS Racisme lance un slogan fort qui marquera toute une génération.

Robert Badinter est l'artisan de l'abolition de la peine de mort en 1981.

**La suppression de la peine de mort**

Lors de sa campagne électorale, François Mitterrand déclare qu'il est favorable à l'abolition de la peine de mort. Une fois élu président de la République, il charge le garde des Sceaux, Robert Badinter de déposer un projet de loi à l'Assemblée nationale. Les députés et les sénateurs l'approuvent après des débats passionnés. Cette loi importante est adoptée le 9 octobre 1981. Elle vient de fêter son trentième anniversaire ! Elle marque aussi la fin du symbole de la mise à mort depuis la Révolution française : la guillotine.

**Une France mélangée...**

En France, la première grande vague d'immigration remonte à la veille de la Seconde Guerre mondiale. Elle est espagnole, car l'Espagne est touchée par la guerre. Puis, une seconde vague démarre dans les années 1960. Des Portugais, des Algériens, des Africains quittent leurs pays, souvent en guerre. La plupart ont travaillé dans le bâtiment ou l'industrie automobile. En 1973, la crise et le chômage referment les frontières.

**...et colorée**

Les immigrés arrivés depuis longtemps en France se sont mariés avec des gens de leur communauté ou ont fait des mariages mixtes. Beaucoup sont intégrés, mais ont souvent été utilisés pour alimenter la peur de l'autre, la xénophobie et le racisme. À l'heure actuelle, beaucoup de travailleurs étrangers vivent dans la clandestinité faute de pouvoir obtenir des papiers pour rester en France.

Des jeunes d'une cité de Nancy, issus de l'immigration, brandissent leurs cartes d'identité, un signe d'intégration.

# C'est quoi la France au XXI$^{e}$ siècle ?

La France du futur se dessine, aujourd'hui, sous nos yeux. Les chiffres de la population — les jeunes et les personnes âgées —, ceux du tourisme ou encore ceux des énergies nouvelles offrent des pistes pour comprendre la France de demain. Petit tour dans « la douce France ».

**65 millions d'habitants**
Depuis janvier 2011, la population française est estimée à 65 millions d'habitants : 63,1 millions en métropole et 1,9 million dans les départements d'outre-mer. Les moins de 15 ans sont les plus nombreux puisqu'ils représentent 18,5 % de la population. La France est le deuxième pays le plus peuplé d'Europe après l'Allemagne. Enfin, près de 80 % des Français vivent désormais en milieu urbain.

**En 1998, quelques hautes tours dominent Paris. Leurs constructions devraient s'accroître dans le cadre du projet, Grand Paris.**

**La diversité des paysages français attire de nombreux touristes.**

**Une population vieillissante**
Les plus de 75 ans représentent 8,9 % de la population française. L'augmentation de l'espérance de vie est liée au progrès de la médecine. En moyenne, les femmes vivent plus longtemps que les hommes. Le nombre des seniors va augmenter avec l'arrivée à la retraite de la génération du baby-boom !

## La France et le monde

*Première destination touristique au monde, la France accueille près de soixante millions de touristes par an et concentre un grand nombre des sites inscrits sur la liste du patrimoine de l'humanité. Ses produits de luxe sont vendus dans le monde entier. Enfin, si la France reste un des pays les plus riches au monde, elle est néanmoins très endettée.*

**Vivre à deux, chez soi, est le souhait de nombreux seniors.**

En France, les garçons sont plus nombreux que les filles. À la naissance, il y aurait 105 garçons pour 100 filles.

**Des milliers de bébés**

L'année 2010 a compté 828 000 naissances. Ce chiffre s'inscrit parmi des années record comme 2006, 2008, et les années de la génération du baby-boom. Désormais, les femmes attendent l'âge de 30 ans pour avoir un premier enfant voire même plus de 35 ans ! Enfin, avec le Royaume-Uni et l'Irlande, la France fait partie du trio de tête des pays européens, pour sa natalité.

**À chacun sa famille**

La famille traditionnelle reste le modèle dominant. Elle peut être formée de couples mariés et de couples pacsés et 20,3% de ces familles ont deux enfants. Les familles recomposées après un divorce sont en nette augmentation. Mais la nouveauté est le nombre croissant de familles monoparentales. Elles sont souvent constituées d'une femme avec un ou plusieurs enfants vivant parfois dans une grande précarité.

**La France et l'Europe**

La France a joué un grand rôle dans la construction européenne à partir des années 1950. Depuis 2007, l'Union européenne compte vingt-sept pays. Les 500 millions d'habitants de l'Union représentent 6 % de la population mondiale. Grande puissance économique mondiale, championne de l'aide au développement, elle a pour priorités la paix et la justice.

Les centrales nucléaires produisent des déchets radioactifs impossibles à éliminer.

**Des questions d'environnement**

La France est la deuxième puissance nucléaire au monde, 80% de son énergie électrique est fabriquée par ses cinquante-huit centrales. Mais suite à la catastrophe de Fukushima, au Japon, le débat sur le nucléaire devrait être relancé. Le secteur des énergies renouvelables n'est pas vraiment développé, car la France ne se place qu'au quinzième rang des pays producteurs d'énergie éolienne. Elle s'est engagée à développer des transports alternatifs ferroviaire et maritime.

Les éoliennes fonctionnent grâce à l'énergie du vent.

# Les p'tits plus

**L'ABBÉ PIERRE**
Fondateur d'Emmaüs, ce prêtre catholique s'est engagé à défendre les pauvres et les mal-logés, dès 1954, et est devenu très populaire auprès des Français. Il est décédé en 2007.

**LE MUR DE BERLIN**
Gardé par la police armée, il a partagé Berlin en deux pendant vingt-huit ans. L'ouverture du « mur de la honte », fin 1989, a entraîné l'écroulement des pays communistes et la réunification de l'Allemagne.

**LE JAPON TREMBLE**

En mars 2011, l'est du Japon est touché par un tremblement de terre exceptionnel, suivi d'un tsunami. Les victimes sont nombreuses. Une centrale nucléaire est touchée. Un débat international sur le nucléaire est lancé.

**11 SEPTEMBRE 2001**
New York est touché par des attaques aériennes terroristes. Ce sont près de 3 000 personnes qui périssent dans l'attentat du World Trade Center.

**L'EURO**

La monnaie unique européenne a été mise en circulation le 1er janvier 2002. Elle a remplacé les monnaies nationales par des pièces et des billets européens.

**LA CRÉATION DE L'ÉTAT D'ISRAËL**

Après la Seconde Guerre mondiale, en 1948, de nombreux Juifs vont émigrer vers la Palestine. Les Israéliens ont créé leur État, mais les Palestiniens restent sans.

**65 MILLIONS**
C'est le nombre d'animaux domestiques en France. Il correspond environ au chiffre de la population de ce pays en 2001. Poissons et chats sont toujours en tête.

**DILMA ROUSSEFF**
Elle est la première présidente d'une des plus grandes puissances économiques au monde, le Brésil. Investie dans ses fonctions en 2011, elle est encore une des rares femmes, chefs d'État.

**ANNE FRANK**

Cette petite fille juive a été victime de la barbarie nazie. Elle est morte au camp de Bergen-Belsen en 1945. Dès 1947, la publication de son journal connaît un immense succès.

**LE CONCORDE AU LONG NEZ**

De 1969 à 2003, ce supersonique français, exceptionnel et très gourmand en carburant, bat des records de vitesse au-dessus de l'Atlantique.

### À TABLE

Dans les pays développés, on peut manger des produits du monde entier. Toutefois, l'importation de ces produits coûte cher. Aujourd'hui, des consommateurs privilégient la consommation de produits saisonniers et de proximité.

### PLUS DE 6 MILLIARDS

Aujourd'hui, il y a environ 6,81 milliards d'habitants sur notre planète. Nous n'avons jamais été aussi nombreux ! La Chine est toujours le pays le plus peuplé au monde. Dans quelques années, l'Inde devrait la remplacer à la tête de ce classement.

### MARTIN LUTHER KING

Ce pasteur américain, militant non violent, a défendu les droits civiques des Noirs américains. Il est mort assassiné en janvier 1968.

### DE NOUVEAUX HÉROS FRANÇAIS

Longtemps, ce sont les hommes politiques qui ont personnifié la France. Aujourd'hui ce sont des célébrités du monde du spectacle ou du sport qui incarnent ses valeurs.

### LA FIN DE L'URSS

Née en 1922, longtemps le plus vaste État du monde, l'URSS s'est morcelée, en 1991,en plusieurs pays indépendants.

### DOLLY

C'est le nom du premier mammifère cloné, en 1996, une brebis.

### TGV

Création française, ce transport ferroviaire est apparu après la crise pétrolière de 1973.

### UN VENT DE LIBERTÉ

En 2011, un vent de révolte souffle sur les pays arabes. Les Tunisiens, les Égyptiens, les Libyens, etc. se révoltent contre les hommes politiques qui gouvernent leur pays. On parle de « printemps » des pays arabes.

### 1989

C'est la date de la création de la Charte des droits de l'enfant mise en place par plusieurs pays dans le cadre de l'ONU.

### FEMMES ET HOMMES À ÉGALITÉ

En 2000, une loi est votée pour que hommes et femmes puisent être, par exemple, à égalité dans le domaine politique. Aujourd'hui, cette loi française est moins bien respectée qu'au début de son adoption.

### ALBERT EINSTEIN 1879-1955

Ce physicien est connu pour ses travaux sur « la relativité » et sa recherche sur la bombe atomique.

### FACEBOOK

Depuis sa création en 2004, c'est le premier réseau social sur Internet.

### BARACK OBAMA

Ce démocrate a été élu en janvier 2009. Il est le premier président afro-américain des États-Unis d'Amérique et le 44e président de cette grande puissance mondiale. Son élection, très médiatisée, a suscité un grand intérêt dans le monde entier.

# La vie quotidienne dans l'art

Depuis la préhistoire, les hommes représentent la vie quotidienne à travers leurs œuvres. Témoins de leur temps, les peintres livrent à notre regard des scènes de vie d'époques lointaines et révolues, petites histoires dans la grande Histoire.

Il y a 17 000 ans, au paléolithique, des hommes ont peint près de 1 500 figures animales dans la grotte de Lascaux.

IIIe siècle : labour et semailles sont représentés sur cette mosaïque romaine de Saint-Romain-en-Gal dans le Rhône.

1450 : Repas de noce, *Histoire de Renaud de Montauban*. Le service est réglementé par le maître d'hôtel.

1642 : *La Famille heureuse,* ou *Le Retour de Baptême*, de Louis Le Nain : le repas de fête d'une famille de paysans sous Louis XIII.

1886 : *Repas de noces à Yport* d'Albert-Auguste Fourie. La famille est rassemblée pour un mariage champêtre en pays de Caux.

1900 : *Boulevard, le soir, à Paris en automne* de Paul Renard. La nuit tombe peu à peu sur la ville qui s'illumine.

1933 : *Jeanne Lanvin* d'Édouard Vuillard. La styliste dans les locaux de la maison Lanvin, rue du Faubourg-Saint-Honoré.

# Index

## Crédits photographiques

b = bas, h = haut, d = droite, g = gauche, m = milieu

**AKG- IMAGES**

Photographie de couverture : Combat devant l'autel de ville de Paris de Jean-Victor Schnetz (musée du Petit Palais), Erich Lessing ; 10 Erich Lessing ; 12 (bd) Erich Lessing ; 14 (b) Erich Lessing ; 15 (hg), (hd), (mb) et (bd) Erich Lessing ; 16 (b) Hervé Champollion ; 17 (m) Erich Lessing ; 18 (b) Hervé Champollion ; 20 (hg) Nimatallah, (hd), (m) et (b) Erich Lessing ; 21 (m) François Guénet ; 22 (mg) Erich Lessing, (bg) Bildarchiv Steffens, (bd) Erich Lessing ; 23 (hd), (mhd) et (mbd) Erich Lessing ; 24 (md) Erich Lessing, (bg) Peter Connolly ; 25 (bg) ; 27 (mbg) Erich Lessing ; 29 (m) ; 30 (mhd) Erich Lessing, (bg) ; 31 (mhd), et (bd) Erich Lessing ; 32 Erich Lessing ; 35 (b) ; 36 (h) et (b) ; 37 (b) Erich Lessing ; 38 (h), (b) Erich Lessing ; 39 (h) et (m) ; 41 (md) British Library ; 42 (h) et (b) ; 43 (h), (bg), (bd) British Libray ; 45 (h) British Library ; 46 (h) Visioars ; 47 (b) ; 48 (b) British Library ; 49 (b) ; 50 (b) Erich Lessing ; 51 (bd) Hervé Champollion ; 56 (h) ; 57 (b) Erich Lessing ; 58 (hg) Hervé Champollion, (mg) , (bg) Bildarchiv Monheim ; 60 (h) Erich Lessing, (b) British Library ; 61 (h) et (b) ; 62 (h) Tristan Lafranchis, (b) British Library ; 63 (h) Nimatallah, (b) ; 64 (h) André Held, (b) Jérôme da Cunha ; 65 (h) et (b) ; 68 (m) British Library, (hm) Rabatie-Domingie, (hd), bg) Hervé Champollion ; 69 (hg) Album/Oronoz, (mg) Jérôme da Cunha, (md) et (bd) Erich Lessing ; 70 akg-images ; 73 (h) Rabatti-Domingie, (b) Album/Oronoz ; 74 (hd) Erich Lessing ; 76 (hg) Cameraphoto, (hd), (b) Erich Lessing ; 77 (h) et (b) ; 78 (b) ; 79 (h) Hervé Champollion, (b) ; 80 (h) Nimatallah, (m) ; 81 (h), (b) ; 82 (h) North Wind Pictures, (b) ; 84 (h) ; 85 (h) Marc Deville, (b) ; 86 (hg), (bg) Jérôme da Cunha, (bd) Marc Deville ; 87 (hg) Bildarchiv Monheim, (hd), (mbd), (bg) Marc Deville, (bm) et (bd) J.-C. Varga ; 88 (h) Visioars, (bd) ; 89 (m) ; 90 (h) Erich Lessing ; 91 (h) et (b) ; 94 (h) et (b) ; 95 (h) et (b) ; 96 (h) et (b) ; 97 (h), (b) Nimatallah ; 98 (h) ; 99 (m) ; 100 (hg), (hd), (mg) et (bg) Erich Lessing, (md) Hervé Champollion ; 101 (hg) Rabatti-Domingie, (mg), (md), (bg) Rabatti-Domingie, (bd) Erich Lessing ; 102 Laurent Lecat ; 104 (b) Erich Lessing ; 105 (h), (bd), (bg) Rainer Hackenberg ; 106 (h) Erich Lessing, (b) ; 107 (b) ; 109 (m) ; 110 (h) et (b) ; 111 (bg) Erich Lessing, (bm) ; 112 (b) ; 113 (h), (m) et (b) ; 115 (h), (b) André Held ; 116 (h) et (b) ; 117 (b) ; 118 (b) ; 119 (h), (b) Archives CDA/Guillo ; 120 (hg), (hd), (b) Ullstein Bild ; 123 (hg) et (hd) ; 126 (hmg), (hmd) IAM/akg/World History Archive, (bg) IAM/akg/World History Archive, (bd) ; 127 (hd) akg/SPL, (hmg) North Wind Picture Archives ; 127 (mg), (md), (b) Melies/Album/akg ; 130 (b) IAM/akg/World History Archive ; 131 (b) ; 133 (h) ; 134 (h) akg-images/SPL ; 136 (b) Hervé Champollion ; 137 (h) Ullstein Bild ; 140 (h) ; 141 (h) DEA Picture Library/akg/De Ago, (b) ; 142 (h) ; 144 (h) et (b) ; 145 (h) ; 147 (hg) ; 150 (h) Paul Almasy ; 151 (b) ; 154 (bg), (bd) Erik Bohr ; 155 (hmd) Paul Almasy, (bd) ; 157 (m) ; 164 (md) ; 165 (md) ; 166 DEA/C.Sappa/akg/ De Agostini ; 167 (h) Erich Lessing, (b) ; 168 (h) Erich Lessing, (b) Erich Lessing ; 169 (h), 169 (b) Erich Lessing.

**GAMMA RAPHO**

12 (bg) Xavier Rossi/Gamma ; 13 (hg) Keystone-France, (hd) Fabrice Ducasse/Rapho ; 16 (h) Hervé Champollion/Top ; 17 (h ) Alain Le Bot/Gamma, (b) Wojtek Buss/Hoa-Qui ; 19 (h) Gilles Martin-Raget/Hoa-Qui ; 22 (hg) Fanny Broadcast/Gamma ; 22-23 Christophe Boisvieux/Hoa-Qui ; 23 (hg) Fanny Broadcast/Gamma, (bd) Sandford/Explorer, (bg) Pierre Brioll/Rapho; 27 (hg) Christophe Boisvieux/Hoa-Qui, (hd), (mhg), (mhd), (bg) et (bd) Yann Guichaoua/Hoa-Qui, (mbd) Jean-Patrick Deya/Hoa-Qui ; 30 (hg) Sylvain Cordier/Jacana, (hd) Keystone-France, (mhg) Gary Calton/Rapho, (m) Jean-Daniel Sudres/Top ; 31 (hg) Yann Guichaoua/Hoa-Qui, (hd) Christophe Boisvieux/Hoa-Qui, (mhg) Philippe Roy/Hoa-Qui, (mg) Sabine Weiss/Rapho ; 34 (h) Mary Evans/Keystone-France ; 35 (h) Mary Evans/Keystone France ; 46 (b) Mary Evans/Keystone-France ; 49 (hg) Mohamed Lounes/Gamma ; 50 (h) J.-C. Varga ; 51 (md) J.-C. Varga ; 56 (b) Thierry Perrin/Hoa-Qui ; 58 (bd) Hervé Champollion/Top ; 58-59 (m) Dominique Repérant, (b) Fred Thomas/Hoa-Qui ; 59 (hg) et (hd) Catherine Billobet/Top, (md) Sylvain Grandadam/Hoa-Qui, (mbd) Hervé Champollion/ Hoa-Qui ; 59 (bg) Bildarchiv Monheim, (bd) Hervé Champollion ; 68 (m) Yann Guichaoua/Hoa-Qui, (bg) Jean-Claude Coutausse/Hoa-Qui ; 69 (hmd) Mary Evans/Keystone-France, (hmg) Sylvain Grandadam/Hoa-Qui, (bg) Herve Champollion/Top ; 72 (h) Michel Huet/Hoa-Qui, (b) Alfred Wolf/Keystone-France ; 73 (m) Keystone-France ; 74 (hg) Varga/Keystone-France ; 75 (h) Frédéric Reglain/Gamma, (m) Wojtek Buss/Hoa-Qui, (bg) Varga/Keystone-France, (bd) Ruiz/Treal/Hoa-Qui ; 78 (hd) J.-B. Lafitte/Keystone-France ; 80 (b) Mary Evans/Keystone-France ; 84 (bg) Eddy van der Veen, (bd) Christophe Boisvieux/Hoa-Qui ; 86 (mg) Alfred Wolf/Hoa-Qui ; 86-87 Wojtek Buss/Hoa-Qui ; 87 (mhd) Jarry/Tripelon/Top ; 88 (bg) Keystone-France ; 89 (h) Mary Evans/Keystone-France, (b) Jean Desmarteau/Keystone-France ; 90 (bg) Jean Desmarteau/Keystone-France, (bd) Raphaël Gaillarde/Gamma ; 99 (b) Mary Evans/Keystone-France ; 100 (bd) Hervé Champollion ; 101 (hd) Explorer Archives/Keystone-France, (mbg) Louis Bertrand/Keystone-France ; 104 (h) Varga/Keystone-

France ; 106 (mg) Explorer Archives/Keystone-France ; 107 (h) Explorer Archives/Keystone-France ; 108 Explorer Archives/Keystone-France ; 109 (h) Mary Evans/Keystone-France, (b) François Lochon/Gamma ; 112 (h) Keystone-France ; 114 (h) Mary Evans/Keystone-France, (b) 4127/Gamma ; 114-115 Mary Evans/Keystone-France ; 117 (h) Mary Evans/Keystone-France, (m) Mary Evans/Keystone-France ; 118 (h) Mary Evans/Keystone-France ; 117 (m) Mary Evans/Keystone-France ; 122 Mary Evans/Keystone-France ; 126 (hg) Explorer Archives/Keystone-France ; 127 (hm) Keystone-France ; 128 Jean-Michel Turpin/Gamma ; 131 (h) Keystone-France ; 134 (b) Keystone-France ; 135 (m) Alexis Georgeon/Gamma ; 137 (b) Keystone-France ; 138 (h) et (b) Keystone-France ; 139 (h), (m) et (b) Keystone-France ; 142 (b) Keystone-France ; 143 (h) Keystone-France, (m) Serge De Sazo/Rapho, (b) Keystone-France ; 145 (m) Esaias Baitel, (b) Keystone-France ; 146 (hg), (hd) (mg) et (md) Keystone-France ; 147 (hd) Sanford Roth/Ampas/Rapho, (mg) Patrick Lorette/Gamma, (md) Keystone-France ; 148 (h) et (b) Keystone-France ; 149 (h) et (b) Keystone-France ; 150 (b) Keystone-France ; 151 (h) Charles Cccione/Rapho ; 152 (h) Pool PPP/Gamma ; 153 (h) Michel Desjardins/Rapho ; 154 (hg) Jean-Philippe Charbonnier/Rapho, (mg) Maurice Rougemont/Gamma, (bm) Keustone-France ; 154-155 Keystone-France ; 155 (hg), (hd) Keystone-France, (md) Jean-Luc Petit/Gamma, (bm) Maurice Rougemont/Gamma, (bg) Keustone-France ; 156 (h) et (m) Jean-Pierre Rey/Gamma, (b) Roland Dourdin/Rapho ; 157 (h) Keystone-France, (bg) Keystone-France, (bd) Roland Dourdin/Rapho ; 158 (hg), (hd) Keystone-France, (b) André Sas/Gamma ; 159 (hg) Eric Bouvet/Gamma, (hd) Xinhua/Gamma, (b) Jean-Pierre Rey/Gamma ; 160 (h) Hervé Gloagen/Rapho, (b) Jean-Pierre Rey/Gamma ; 161 (hg) Keystone-France, (hd) Esaias Baitel/Gamma, (m) Sandrine Roudeix/JDD/Gamma, (b) Francis Demange/Gamma ; 162 (h) Wojtek Buss/Hoa Qui, (m) Jacques Sierpinski/Top, (b) Jean-Luc Manaud/Rapho ; 163 (h) Michel Renaudeau/Hoa-Qui, (bg) Michel Baret/Rapho, (bd) Jarry/Tripelon/Top ; 164 (hg) Jean Dieuzaide/Rapho, (hd) Chute du mur Berlin/Gamma, (mg) Pool Demange/Marchi/Gamma, (bg) George de Sota/Gamma, (bm) Xinhua/Gamma (bd) Etienne de Malglaive/Gamma ; 165 (hg) Serena/Hoa-Qui, (hd) Xinhua/Gamma, (mhg) Explorer Archives/Keystone-France, (mbg) Pool Benainous/Hounsfield/Gamma, (bg) Pool Deroubaix/Marchi/Samson/Gamma, (bd) Roger L. Wollenberg/Upi/Gamma.

**Illustrations**

Les illustrations des pages *Les p'tits plus* et celles accompagnant les chapeaux et les encadrés de chacune des doubles pages ont été réalisées par Charles Dutertre.

Emmanuel Cerisier :
37 (h) ; 48 (h) ; 66 (h) ; 78 (hg), 111 (h) ; 123 (b) ; 152-153 (b).

Michael Welply :
12-13 ; 18-19 ; 40-41 ; 44-45 ; 54-55 ; 92-93.

Paul Coulbois :
24 (hd) ; 25 (h) ; 28-29 ; 34 ; 49 (hd) ; 51 (h) ; 57 (h) ; 61 (m) ; 83 (b) ; 95 (mg) ; 99 (h) ; 130 (h) ; 136 (h) ; 142 (m) ; 147 (h).

Jean-Marc Stalner : 14 ; Dominique de Hollogne 16 (md) ; Amélie Veaux 21 (h) ; Catherine Chion 25 ; Loïc Derrien 47 (h) et 52-53 (dépliant abbaye) ; Vincent Perriot : 83 (h) ; Yves Beaujard : 121 ; Ginette Hoffmann (dépliant mine) : 124-125 ; Nicolas Wintz : 132-133 ; Loïc Derrien : 135 (h) ; Etienne Butterlin : 140-141.

**Merci à la rédaction du magazine Images Doc.**